全国革命老区县发展史丛书·广东卷

广州市南沙区革命老区发展史

广州市南沙区革命老区发展史编委会　编

SPM 南方出版传媒·广东人民出版社
·广州·

图书在版编目（CIP）数据

广州市南沙区革命老区发展史／广州市南沙区革命老区发展史编委
会编. —广州：广东人民出版社，2021.6
（全国革命老区县发展史丛书·广东卷）
ISBN 978-7-218-15061-1

Ⅰ. ①广… Ⅱ. ①广… Ⅲ. ①南沙区—地方史 Ⅳ. ①K296.54

中国版本图书馆 CIP 数据核字（2021）第 108992 号

GUANGZHOU SHI NANSHA QU GEMING LAOQU FAZHANSHI
广州市南沙区革命老区发展史

广州市南沙区革命老区发展史编委会　编　　版权所有　翻印必究

出 版 人：肖风华

责任编辑：谢　尚
责任校对：沈展云
装帧设计：张力平等
责任技编：吴彦斌　周星奎

出版发行：广东人民出版社
地　　址：广州市海珠区新港西路 204 号 2 号楼（邮政编码：510300）
电　　话：(020) 85716809（总编室）
传　　真：(020) 85716872
网　　址：http://www.gdpph.com
印　　刷：广州市浩诚印刷有限公司
开　　本：715mm×995mm　1/16
印　　张：13.125　　插　　页：8　　字　　数：170 千
版　　次：2021 年 6 月第 1 版
印　　次：2021 年 6 月第 1 次印刷
定　　价：54.00 元

如发现印装质量问题，影响阅读，请与出版社（020-85716808）联系调换。
售书热线：(020) 85716826

广东省编纂《革命老区县发展史》丛书
指导小组

组　　长：陈开枝（广东省老区建设促进会会长）

副组长：林华景（广东省老区建设促进会常务副会长）

　　　　宋宗约（广东省农业农村厅二级巡视员、广东省老
　　　　　　　　区建设促进会副会长）

　　　　刘文炎（广东省老区建设促进会副会长）

　　　　郑木胜（广东省老区建设促进会副会长）

　　　　姚泽源（广东省老区建设促进会副会长兼秘书长）

　　　　谭世勋（广东省老区建设促进会副会长）

　　　　廖纪坤（广东省农业农村厅总经济师）

办公室

主　　任：姚泽源（兼）

副主任：韦　浩（广东省农业农村厅扶贫协作与老区建设处
　　　　　　　　处长）

　　　　柯绍华（广东省老区建设促进会副秘书长）

　　　　伍依丽（广东省老区建设促进会副秘书长）

广州市编纂《革命老区县发展史》丛书
指导小组

组　　长：黄小晶（中共广州市委党史文献研究室主任）
副组长：胡巧利（中共广州市委党史文献研究室副主任）
成　　员：周艳红　董泽国

《广州市南沙区革命老区发展史》编纂委员会

主　　任：卢一先（市委常委、区委书记）

副 主 任：朱承志（区委常委、组织部部长）

　　　　　段德海（区委常委、宣传部部长）

　　　　　翁殊武（区委常委、区委办主任）

委　　员：陈福生（区委办副主任、区档案局局长）

　　　　　陈海华（区委组织部副部长、区"两新"组织

　　　　　　　　　党工委书记）

　　　　　吴瑞坚（区委改革办专职副主任）

　　　　　鲁　辉（区文广新局局长）

　　　　　邓思卉（区民政局局长）

　　　　　陈义生（榄核镇党委书记）

《广州市南沙区革命老区发展史》编委会办公室

主　　任：朱承志（区委常委、组织部部长）

成　　员：唐　斌　谢健恒　刘　希　赵　璇

　　　　　黄　强　郭佩玲　栾　成　李　芳

《广州市南沙区革命老区发展史》编写组成员

总顾问：熊文辉（南沙区政协原主席）

总撰稿：马群丁

撰　稿：吴　穹　吴治东　马　源　武欣欣

　　　　钟亚华　谷国英　袁锦洪　徐　振

在举国欢庆新中国成立 70 周年前夕，中国老区建设促进会王健会长请我为《全国革命老区县发展史》丛书作序，作为一名在老区战斗过并得到老区人民生死相助的老兵，回首往事，心潮澎湃，感慨万千，深感义不容辞，欣然应允。

中国革命老区，是以毛泽东为代表的中国共产党人在领导人民推翻帝国主义、封建主义和官僚资本主义三座大山，争取民族独立和人民解放伟大斗争中建立的革命根据地，在这片红色的土地上，诞生了无数可歌可泣的革命英雄儿女，为后人树起了一座不朽的丰碑，她是新中国的摇篮，是党和军队的根。

在艰苦卓绝的战争年代，老区人民把自己的命运与中华民族的命运紧紧地联系在一起，与中国共产党和人民军队的命运紧紧地联系在一起，他们生死相依，患难与共。我曾亲历过战争年代，并得到过老区红哥红嫂的救助，切身感受到发生在身边的一幕幕撼天动地的革命故事，在那极其艰难的条件下，老区人民倾其所有、破家支前，不怕艰难困苦，不怕流血牺牲。"最后一碗米送去做军粮，最后一尺布送去做军装，最后一件老棉袄盖在担架上，最后一个亲骨肉送去上战场"，这是当时伟大的老区人民为建立新中国做出巨大牺牲的真实写照，它将永远镌刻在中国共产党、中国人民解放军、中华人民共和国的历史丰碑上。他们的光辉业绩永载史册，他们的革命精神必将影响一代又一代的革命新人，造就一代又一代的民族脊梁。

在社会主义革命和建设时期，革命老区和老区人民响应党的号召，面对落后的面貌、脆弱的经济、恶劣的生态环境，他们本色不变，精神不丢，自力更生，艰苦奋斗，干一行爱一行。始终坚持"革命理想高于天"，自觉做共产主义远大理想的坚定信仰者和忠实实践者，勇于向恶劣的自然环境和贫穷落后宣战，他们在各条战线上为国建功立业，用平凡的双手创造了一个又一个不平凡的奇迹，彰显了老区人的崇高精神和人格力量。

在改革开放的伟大进程中，老区人民解放思想，勇于创新，发奋图强，攻坚克难，老区的经济社会建设取得了辉煌成就。特别是在改变中国的面貌、中华民族的面貌、中国人民的面貌、中国共产党的面貌的伟大实践中发挥了至关重要的作用。老区人民既是改革开放的参与者，也是改革开放的推动者。

艰苦练意志，危难见精神。老区人民在近百年的革命战争、社会主义建设和改革开放的伟大实践中，孕育形成了伟大的老区精神：爱党信党、坚定不移的理想信念；舍生忘死、无私奉献的博大胸怀；不屈不挠、敢于胜利的英雄气概；自强不息、艰苦奋斗的顽强斗志；求真务实、开拓创新的科学态度；鱼水情深、生死相依的光荣传统。这是党和人民宝贵的精神财富、丰厚的政治资源，是凝心聚力、振奋民族精神的重要法宝，也是社会主义核心价值观的重要内容。

中国老区建设促进会怀着强烈的政治责任感和历史使命感，组织全国各地老促会人员克服困难，尽心竭力编纂《全国革命老区县发展史》丛书，记录老区的光辉历史和辉煌成就，传承红色基因，弘扬老区精神，是功在当代、利及千秋的一件大事。手捧这部丛书的部分书稿，读着书中的故事，倍感亲切，深感这部丛书具有资政、育人、存史的社会功能，有着重要的时代和历史价值。它是不忘初心、牢记使命的源头活水，是赞颂共产党、讴歌老区人民的一部精品力作，是弘扬老区精神、传承红色记忆的丰厚载体，是一项继承优秀传统文化、弘扬革命文化、发展社会主义先进文化，坚定"四个自信"的宏大文化工程。它必将成为一种文化品牌，为各界人士了解老区宣传老区支持老区提供一部有价值的研究史料。希望读者朋友们能从中了解并牢记这些为党和民族的利益不断奉献的老区人民，从中得到教益，汲取人生奋斗的精神动力。

新时代赋予新使命，新起点开启新征程。让我们更加紧密地团结在以习近平同志为核心的党中央周围，坚持以习近平新时代中国特色社会主义思想为指导，增强"四个意识"，坚定"四个自信"，做到"两个维护"，弘扬老区精神，铭记苦难辉煌。为实现"两个一百年"奋斗目标，实现中华民族伟大复兴的中国梦作出新的更大的贡献！

遇清田

2019 年 4 月 11 日

2017年6月，中国老区建设促进会组织全国各地老促会启动编纂《全国革命老区县发展史》丛书，按照"建立中国共产党、成立中华人民共和国、推进改革开放和中国特色社会主义事业"三大里程碑的历史脉络，系统书写革命老区百年历史，深入挖掘革命老区红色文化资源，这对于充实丰富中国革命史籍宝库、在新时代传承红色基因、弘扬革命精神、强固根本，对于激励人们在新的历史条件下夺取中国特色社会主义伟大胜利，实现中华民族伟大复兴的中国梦具有重要意义。

丛书编纂以习近平新时代中国特色社会主义思想为指导，以《中国共产党历史》《中国共产党的九十年》等重要文献为基本依据，以党的领导为核心，以老区人民为主体，以老区发展为主线，体现历史进程特征，突出时代发展特色，坚持辩证唯物主义和历史唯物主义相统一、历史真实性与内容可读性相统一的原则，书写革命老区从站起来、富起来到强起来的光辉革命史、不懈奋斗史、辉煌成就史，把老区人民的伟大贡献、伟大创造、伟大成就、伟大精神充分展示出来，形成一部具有厚重历史特征和鲜明时代特色的精品力作。这是一部培根铸魂、守正创新，既为历史立言，又为时代服务，字里行间流淌着红色血脉、催生着革命激情的传世之作。丛书的编纂出版将成为讴歌党讴歌人民讴歌时代、传播红色文化、为革命老区和老区人民树碑立传的重要载体。

　　丛书按照编年体与纪事本末体相结合、以编年体为主的编写体例确定框架结构；运用时经事纬、点面结合的方式记述史实；坚持人事结合、以事带人的原则处理人与事的关系；采取夹叙夹议、叙论结合以叙为主的方法展开内容。做到了史料与史论、历史与现实、政治与学术统一，文献性、学术性、知识性相兼容。

　　为编纂好《全国革命老区县发展史》丛书，打造红色文化品牌，中国老区建设促进会认真组织积极协调，提出政治立场鲜明、史料真实准确、思想论述深刻、历史维度厚重、时代特色突出、编写体例规范、篇目布局合理、审读把关严格、出版制作精良的编纂出版总要求，力求达到革命史籍精品的精神高度、思想深度、知识广度、语言力度，增强丛书的权威性和社会影响力。各省（区、市）、市（州、盟）、县（市、区、旗）老促会的同志，以强烈的使命感、责任感和紧迫感，勇于担当，积极作为，认真实施，组织由老促会成员、专家学者等参加的十余万人编纂队伍。编纂工作主体责任在县，省、市组织协调、有力指导、审读把关。各方面人员以高度负责的精神和科学严谨的态度，满腔热情地投入工作，为丛书编纂出版做出了重要贡献。丛书编纂工作还得到了党和国家有关部委、地方各级党委政府及有关部门的大力支持和积极参与，社会各界也给予了热情帮助。中共中央政治局原委员、中央军委原副主席、原国务委员兼国防部长迟浩田上将，对老区人民怀有深厚感情，对革命老区建设发展十分关注，欣然为《全国革命老区县发展史》丛书作总序。

　　丛书由总册和 1599 部分册（每个革命老区县编纂 1 部分册）组成，共 1600 册。鉴于丛书所记述的史实内容多、时间跨度长和编纂时间紧，不妥之处，敬请批评指正。

中国老区建设促进会

2008年12月，广东省政府发布《珠江三角洲地区改革发展规划纲要（2008—2020年）》，提出进一步建设广州南沙新区的发展规划。图为运营中的南沙游艇会，不断提升新城的生活品质。（南沙新区报社供稿）

2012年，国务院批复《广州南沙新区发展规划》，南沙区成为国家级新区。科技创新，亮点纷呈。图为备受关注的小马智行无人驾驶汽车在南沙行驶。（南沙新区报社供稿）

2015年4月，广东自由贸易试验区南沙片区挂牌，各项工程建设如期开工。图为明珠湾工程全面启动。（南沙新区报社供稿）

2016年8月，中共广州市委十届九次全会提出，将南沙建设为广州城市副中心。图为蕉门河两岸新城区风貌。（南沙新区报社供稿）

2019年2月，中共中央、国务院印发《粤港澳大湾区发展规划纲要》，南沙被定位为粤港澳全面合作示范区。各项建设稳步推进，图为航拍滨海新城。（南沙新区报社供稿）

路通桥通财通，是南沙发展的重要基础。图为开通的南沙大桥，为南沙新城又打开一条快速发展的通道。（南沙新区报社供稿）

南沙作为广州出海口，发展海洋经济，做好出海文章。图为运营中的南沙邮轮母港，已是广州新的海上地标。（南沙新区报社供稿）

南沙具有良好的深水港条件，发展航运业，打开广州通往世界重要港口的门户。图为航拍南沙港区码头繁忙的运营场景。（广州南沙港集团供稿）

龙穴岛造船基地，作为中国三大造船基地之一，正发挥着重要的作用。图为广船国际的巨型船坞施工现场。（广船国际集团供稿）

南沙作为珠江三角洲几何中心，发挥着重要的交通枢纽作用。图为深中通道南沙段的施工现场。（南沙新区报社供稿）

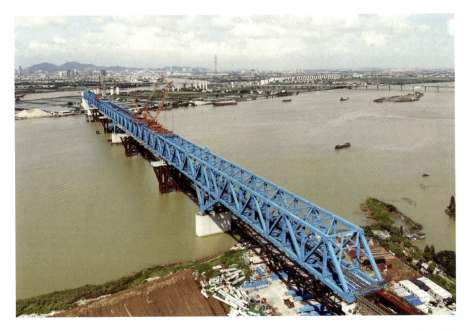

把铁路铺到南沙港区，强强联手发展物流业。图为南沙港铁路洪奇沥水道特大桥合龙场景。（南沙新区报社供稿）

发展才是硬道理，革命老区榄核镇的城乡建设日新月异。图为榄核镇。（南沙区榄核镇供稿）

昔日的战场，如今的新村。改革开放促进革命老区建设，使榄核镇彻底改变了模样。（南沙区榄核镇供稿）

当年的抗战屏障，如今的小康水乡。党的富民政策让革命老区榄核镇村容村貌变得如诗如画。（南沙区榄核镇供稿）

当年的小渡头，如今的立交桥。交通四通八达，革命老区榄核镇已实现路路通的目标。（南沙区榄核镇供稿）

1997年12月，广州珠江电厂在南沙全面投入商业运行，成为广州市当时最大的电力生产企业。（番禺日报社供稿）

1997年3月，坐落于灵山庙贝的南顺水闸重建工程竣工，是节制灌溉番（禺）顺（德）联围7300多公顷农田的水利设施之一。（番禺日报社供稿）

1997年6月，虎门大桥通车，结束了南沙、中山、珠海等地前往深圳绕道广州行驶的历史，大桥西岸坐落在南沙经济技术开发区内。（番禺日报社供稿）

1994年3月，"美国通用电气"在南沙创办美国通用塑料中国有限公司，这是最先进驻南沙开办公司的世界500强企业。（番禺日报社供稿）

1993年10月，南沙客运港正式通航，属于国家一类开放口岸，打开了南沙通往世界的窗口。（番禺日报社供稿）

1991年5月，虎门渡轮码头建成通航，大大缩短了南沙至东莞的距离，为南沙经济发展的起步发挥了重要的桥梁作用。（番禺日报社供稿）

1984年，榄核开办水磨石厂和人造塑料石厂，生产时尚装修材料，革命老区发展紧跟国家改革开放的脚步。（番禺日报社供稿）

1984年2月，市桥至南沙公路建成通车，加快了乡镇生活节奏。图为运营庆典现场。（番禺日报社供稿）

1983年，榄核恢复种植白蔗。白蔗以其皮薄、肉脆、汁多、味清甜而闻名，是享誉省港澳的土特产，榄核因此被誉为"甘蔗之乡"。（番禺日报社供稿）

每逢节庆，富有地方民间艺术特色的汇演，此起彼伏。图为黄阁麒麟献瑞表演，恭贺好年景。（番禺日报社供稿）

庆祝革命胜利，庆祝中华人民共和国成立。欢欣鼓舞的南沙人民上街慰问亲人解放军。图为迎接活动现场。（番禺日报社供稿）

南沙水资源丰富，革命老区人民靠勤劳作业增加收入。图为莲藕丰收的场景。（番禺日报社供稿）

20世纪六七十年代，地方武装部门经常因势利导，积极开展爱国主义教育，图为组织民兵讲述革命斗争故事。（番禺日报社供稿）

20世纪50年代，南沙沿海乡镇组织开展护海护家、群防群治活动。图为组织民兵武装巡逻。（番禺日报社供稿）

听党的话，自力更生，艰苦奋斗。图为大干快上的生产场景。（番禺日报社供稿）

*本书图片由南沙区委宣传部、南沙区国家档案馆、番禺日报社、南沙新区报社、南沙港集团、广船国际集团等提供，以图立证，记录历史。在这里一并对所属单位精心组织的摄影家们表示感谢。

微信扫描二维码
您立即开展本书的
延伸阅读。

奋进新时代，壮丽新南沙。

在发展和前进的道路上，我们不忘初心，我们牢记使命；我们铭记历史，我们砥砺前行。

2018年5月，中国老区建设促进会在吉林省延吉市召开全国革命老区县发展史编纂工作座谈会。其中一项重要工作，就是编纂全国革命老区县发展史。

广东省老区建设促进会根据中国老区建设促进会的要求，对广东省革命老区县发展史的编写体例、区域范围、时间跨度、章节设计、内容安排、语言表述、篇幅，以及审稿出版等问题，提出指导性意见。

中共南沙区委按照广州市党史研究室编撰工作部署，高度重视《广州市南沙区革命老区发展史》的编写工作，2018年10月成立编纂委员会。编委会结合南沙区的实际情况，全面指导编纂工作。编委会办公室先后组织召开撰稿布置会、章节咨询会、书稿研讨会等，于2019年7月完成《广州市南沙区革命老区发展史》第一稿。随后，吸收各方修改意见，进行多次修订，直至完稿。

《广州市南沙区革命老区发展史》一书，坚持以习近平新时代中国特色社会主义思想为指导，遵循全国革命老区县发展史的统一编写规范，反映了南沙区的地方特色，记述了当地革命、建设、改革、发展的历史进程。

本书突出展现了南沙的革命老区在中国共产党的领导下开展各个时期的中心工作，体现了老区人民勇于战斗、艰苦奋斗、自强不息的革命精神；展现了1978年后，南沙在改革开放中取得的成果。2002年广东省委、省政府召开南沙开发建设现场会后，广州南沙开发指挥部挂牌，开启大南沙的发展格局。2012年南沙区获国务院批准为国家新区，2015年又被定为自由贸易试验区片区，南沙的发展与国家的发展战略更紧密相连。2019年国务院印发《粤港澳大湾区发展规划纲要》后，南沙作为粤港澳全面合作示范区，承担高水平对外开放门户枢纽功能。作为广州城市副中心，南沙的整体发展融入大湾区的发展战略中。

在整个编写过程中，编写人员广泛征集材料，采用大量一手文献资料，确保历史事件、历史人物、历史图片等关键信息的真实准确。此外，还采访亲历者、建设者、知情人士，进一步丰富书稿内容，也增强了对南沙建设和发展进程介绍的说服力和感染力。

出版《广州市南沙区革命老区发展史》，有助于研究南沙的革命斗争、社会主义建设和改革开放的历史；有助于开展革命传统教育和爱国主义教育；有助于总结党建工作的经验，进一步加强党对各项工作的领导；更有助于发扬革命前辈和建设者们的奋斗精神，完成时代赋予南沙的新的建设使命。

编　者

2020 年 10 月

1

第一章

历史沿革　老区概况

第一节 历史概况

南沙区位于广州市最南端、珠江虎门水道西岸，是西江、北江、东江三江汇集之处。东与东莞市隔江相望，西与中山市、佛山市顺德区接壤，北以沙湾水道为界，与广州市番禺区隔水相连，南濒珠江出海口伶仃洋。

南沙地区历史久远，早在新石器时代晚期，就有先民在此繁衍生息。纵观数千年漫长的文明发展史，南沙的自然生态经历了从水域到冲积平原的渐变；社会经济形态经历了从农耕社会到工业社会的发展。历史发展主要时期概括如下：

（一）春秋至隋唐时期。汉代以前，南沙地区属珠江口古海湾的一部分，仅有诸多丘岛错落于汪洋大海之中。在行政上，也未成建制，但已有先民在此地活动。南沙地区先后发现有新石器时代晚期至商代的鹿颈村遗址、果园山遗址、鸡公头遗址、金洲山遗址、合成村遗址、小虎岛遗址，汉代的广隆村遗址，唐代的藤涝村遗址等。由此说明南沙地区早在数千年前就有先民活动，且已形成不少自然村落。

（二）宋、元、明时期。其间，番禺冲积三角洲快速形成，南沙地区海湾中的丘岛周围已成沙滩，为更多的本地先民和由中原迁徙而来的移民在此开村落户、繁衍生息创造了条件。宋末至元初的战争动乱时期，中原和江南地区由于战乱频发，中原人口大量南迁，越过大庾岭进入岭南，暂息于南雄珠玑巷，后又沿水路南下珠江流域，散居各县，开辟草莱，各谋出路。宋元时期先后有迁居黄阁大井村的张氏、迁居黄阁的麦氏、迁居南沙深湾村的朱氏等，来此砌石堤而垦殖。

明初，开始由官府组织的屯田也大规模地促成黄阁一带新沙田的形成。据明万历三十年（1602）版《广东通志》记载，黄阁、潭洲也有屯田，不仅保护"既成之沙"，也增加"新成之沙"，屯田的军户转成民户后，不少屯田成为规模较大的自然村落，促进了南沙地区沙田的开发。

今黄阁镇和南沙街道地段，在宋、元、明代先后形成的村落，有许多是同姓族人聚居。这些"聚族而居"的村庄，一般都有按姓氏系别修纂的族谱，还有按姓氏系别建立的宗祠。至今黄阁、南沙一带保存完好的祠堂有麦氏大宗祠、张氏宗祠等 19 处；保存有宋代及以后各个时期修建的古墓 40 多座，水井 20 多口。这些古建筑和文物，记录了南沙先民在族姓迁徙、村落起源和农耕水平等方面的诸多信息。

（三）清代与民国时期。南沙地区特别是万顷沙一带的沙滩、围田迅速增加，今南沙的大部分村落是在此时期形成。这一时期，南沙的老百姓经历了因实行海禁而强令内迁的折磨，遭受了列强入侵的蹂躏，更经受了鸦片战争浴血抗敌的洗礼。

南沙的万顷沙一涌至十一涌、横沥镇大部分地段以及黄阁镇等地段形成于此阶段。南沙地区处于珠江口，加之水道中又有多座高数十米乃至百米以上的山丘，因此也成了古今兵家必争之地。第一次、第二次鸦片战争中，炮台多被侵略军毁坏，此后几经修复，不少要塞炮台方保存至今。原本名不见经传的南沙，也因之成为中国抵御外国侵略者的前沿阵地，逐渐受到世人关注。

（四）在革命苦旅、风云激荡的时代，南沙榄核在革命时期，更是经历了一系列异常艰苦的革命斗争。如榄核地区农民运动的兴起、榄核党支部的成立、榄核农民自卫军的成立与战斗、三圣宫联席会议、中共番禺县委的建立等，均充分体现了中国共产党在南沙农村领导革命斗争的历史。在抗日救亡的年代，南沙人民在中国共产党的领导下坚持斗争。广游二支队在榄核建立抗日根据地、珠江纵队在榄核地区的战斗等充分展现了南沙人民为了保卫家园，奋起抗战的革命精神。在喜迎解放的艰难岁月里，南沙人民一方面在村镇积蓄革命力量，不断扩大人民武装斗争；一方面聚集革命力量，配合大军，迎接解放。

（五）中华人民共和国成立后，南沙地域先后隶属东莞县、中山县、珠海县、番禺县。1993 年 5 月，国务院批准广州设立南沙经济技术开发区，面积仅 9.9 平方公里。2002 年 8 月，广州南沙经济技术开发区建设指挥部挂牌，作为广州市人民政府的派出机构，推进南沙的开发建设。2004 年 3 月，国务院批准广州南沙经济技术开发区面积扩大至 27.6 平方公里。2005 年 4 月，经国务院批准，南沙正式从番禺区行政版图中独立出来，设立为广州市南沙区。2012 年 9 月，国务院批复《广州南沙新区发展规划》，南沙新区成为继上海浦东新区、天津滨海新区之后国家在经济发展引擎地区设立的国家级新区。2012 年 12 月 1 日，原隶属番禺区的东涌、大岗、榄核三镇划归南沙区管理。至此，南沙区下辖南沙、珠江、龙穴 3 个行政街道，大岗、东涌、榄核、万顷沙、黄阁、横沥 6 个镇，共 128 个行政村和 28 个社区，南沙区面积由 2005 年的 527.66 平方公里扩大至 803 平方公里。

自然资源和水乡文化

一、区域基本情况

南沙区地处粤港澳大湾区地理几何中心，方圆100公里范围内汇集了大湾区全部11座城市，是连接珠江口两岸城市群和港澳地区的重要枢纽型节点，是中国南方重要的对外开放门户，距香港38海里、澳门41海里。周边有广州、深圳、珠海、香港、澳门五大国际机场。因其拥有优越的水运资源，南沙地区很早就是历史上海上丝绸之路的重要起点之一。

2019年，全区规划面积803平方公里，下辖六镇三街，常住人口79.61万，实际管理人口超过100万。自贸区南沙片区是广东自贸试验区面积最大的片区，面积60平方公里，由7个区块组成。

二、自然资源

南沙自然资源丰富，滩涂众多。2015年，南沙区种植业总面积约60.28万亩，其中，粮食播种面积9.82万亩，产量341万吨；常年蔬菜种植面积29.89万亩，产量5958万吨；水果种植面积7.56万亩，产量15.52万吨；果蔗种植面积9.20万亩，产量78.27万吨；花卉苗木种植面积3.81万亩。林地面积3.8万亩，森林覆盖率5.3%。

南沙区水资源丰富，全区海岸线 106.73 公里，海域面积 351.57 平方公里，占广州市海域面积的 87.91%。

海洋资源丰富，加之这里处于咸水、淡水交汇之处，盛产鱼虾类水产品，这些水产品经烹调后味道特别鲜美。这里产出的土特产水果富含维生素 A、维生素 C、纤维素及磷、钾、钙、镁等微量元素等。

气候条件属于亚热带气候，年平均气温在 22.9—23.7 摄氏度之间，主导风向为东南风、东南偏南风和西北偏北风。

三、文化资源

南沙当地水乡文化浓郁。南沙土著居民常年在珠江口沿海一带半渔半农，捕鱼捞虾，插秧割禾，种蕉植蔗。南沙百姓在艰难开拓生存空间的同时，创造了独具特色的水乡文化，产生了咸水歌、麒麟舞、水乡婚俗等非物质文化遗产。大角山炮台、大虎山炮台、冼星海故里、上下横档岛、十八罗汉山、东涌水乡街、蒲州花园、南沙天后宫、滨海泳场、南沙游艇会、十九涌渔人码头、黄山鲁森林公园、百万葵园、南沙湿地公园、蕉门河驿道、水上拔河、南沙水乡婚俗、赛龙艇等逐渐形成丰富多彩的文旅产业链。

良好的生态环境、依山环水的自然景观、国际化滨海城市特色与岭南特色水乡风情浑然一体，风格独特，成为南沙保护、继承和发展水乡文化的一系列亮丽名片。

革命老区镇、村的情况

革命老区是指土地革命战争时期和抗日战争时期，在中国共产党领导下创建的革命根据地。在峥嵘的战争年代，老区人民为中国共产党领导下的革命事业，在人力、物力、财力上作出了牺牲和奉献，为壮大革命队伍、争取人民民主革命的最后胜利作出了巨大贡献。新民主主义革命胜利后，老区人民一如既往地发挥着老区精神，为社会主义革命和建设作出了新贡献。老区精神是中国共产党、中国人民解放军、中国各族人民宝贵的精神财富。

广东省根据中央的规定和标准，结合实际，划分革命根据地，一个镇的革命根据地村庄人口总和超过该镇总人口一半以上者，可申报评划革命老区镇。1997年，榄核镇在广东省民政厅公布的《广东省革命老区村庄名册》中被认定为番禺市的一个老区镇。

2012年，榄核镇划归南沙区，所以榄核老区镇的革命历史当属南沙革命历史。其实南沙的革命历史，与番禺的革命历史可谓一脉相承，从番禺浩瀚的革命历史文献记载中，可以清晰地触摸到以革命老区镇榄核为核心的革命斗争历史的脉搏。其中发生在革命老区榄核镇及周边区域的自辛亥革命以来的大革命运动、抗日斗争、解放战争中的精彩史实，是最为生动感人、不可或缺的篇章。

榄核，是中国共产党在番禺开展革命活动的重要区域之一。作为革命老区镇，榄核辖区内，村村都有革命斗争事迹，每一个村都是革命战斗时的自然屏障或革命根据地。

（一）八沙村是开展隐蔽斗争的根据地。村落始建于1920年，由外来人口筑围成村，因村庄内有一条八沙涌由东向西穿过，故取名八沙，乡民也称其为鳌沙。村域位于广州南部临海冲积平原地带，北有榄核河，南临潭洲水道。大革命时期和抗日战争时期，八沙村与相邻的张松村和顺德西海村，是中山、番禺、顺德游击队在榄核地区最重要的革命活动地点。在抗日战争时期，八沙村是广州游击区第二支队部分队伍的主要驻扎地和开展隐蔽斗争的根据地。

（二）涨涌村及邻近的牛角村、合沙村是大革命时期和抗日战争时期的主要根据地。1945年2月5日，日本侵略军"扫荡"涨涌村，在地下党员和抗日武装力量的全力组织下，村民们躲到涨涌涌两边的密竹林和通天河一带避难。奉行"三光"政策的日本侵略军放火烧光涨涌涌两岸村民居住的茅棚，没来得及逃脱的人被大火烧死，多达35人。此外，涨涌村还是著名的人民音乐家冼星海的故乡。

（三）大坳村是大革命时期和抗日战争时期，连接榄核与沙湾等禺南地区的主要区域，位于榄核东北部，北隔沙湾水道与沙湾相望。番禺沦陷时期（1938—1945年），大汉奸李辅群（俗名李塱鸡，伪军第二十师副师长兼四十旅旅长）、李福（李辅群堂叔、伪禺南护沙自卫总队队长）一直盘踞在大坳村。臭名昭著的"两李"在村内建起军械厂制造枪支弹药，最终广州市区游击第二支队拔掉了这个黑据点，有力地打击了敌伪恶势力的嚣张气焰。

（四）大生村是农民抗日革命武装代表人物杨忠的家乡。位于榄核北部，临近榄核河，在大革命时期是榄核重要的革命活动区，在抗日战争时期是抗击日本侵略军的根据地。该村农民杨忠于1939年不堪地主恶霸和日军、伪军的欺凌，自发组织村民，成立农民自卫队与其周旋，保家护民，后与广州市区游击第二支队直属小分队合编成二支队榄核中队，参与抗击汉奸、恶霸、日伪驻番禺头子李辅群的斗争。1945 年，杨忠跟随广游二支队北上抗日，在一次战斗中壮烈牺牲。

（五）甘岗村发生过一场轰动一时的"国本惨案"。该村地处西北江下游，属沙田片区的河网地带。村落三面环水，北临沙湾水道。19 世纪末期，这里仍然是一片冲积而成的滩涂。20 世纪初，通过人工陆续"拍围"（围海造田）才逐步将滩涂变成陆地。村部所在地国本围，曾经是敌伪时期地方恶势力"剿共"害民、霸耕夺产、狂征暴敛、筹集军粮军费的据点和基地。到最后，农场面积几乎覆盖甘岗村的所有土地。1943 年 2 月，日军在甘岗村制造了"国本惨案"。5 日，日军一个中队共 100 多人坐汽艇分三路包围甘岗，见人就捉，见逃走者就开枪扫射。被日军抓获的村民在国本糖厂内被铁线缚住，然后被日军用机枪射杀。村民冼坤、黎有、马添等 50 多人被枪杀，只有梁辉一人死里逃生。

（六）人民村、合沙村、牛角村、绿村村 4 个村在抗日战斗中，利用纵横交错的河涌，筑起了天然的屏障。其中利丰围（今榄核镇人民村）是南番中顺游击区指挥部所在地，指挥部在那里指挥南番中顺地区的敌后抗日斗争，培养、训练了大量的军事干部。绿村村境内大沙田的蕉林蔗地也为游击队战士的进退提供了隐蔽的战场，当地村民尽心尽力地支持子弟兵之举更是可歌可泣。1941 年农历大年三十晚，广州市区游击第二支队司令员林锵云亲率 30 名战士，组成特别小分队进驻榄核开辟革命根据地。为便于开展活动，部队分散隐蔽在榄核大黄头、利丰围、蚝门围等地，得到当地村民的大力协助和掩护。绿村村村民黄木（人称林公细）不仅长期给部队接济粮食，还腾出自建的炮楼让战士放哨、隐蔽锻炼。

1944 年 7 月，李辅群纠集伪禺南护沙自卫第一总队及肖公卓的护沙大队伪军共 1000 多人，围攻驻榄核的广游二支队榄核中队，中队战士奋起反击，战斗持续两昼夜，敌人见久攻不下，企图决堤淹没隐蔽在蕉林蔗地的游击队战士。该村村民吴根基等人冒着生命危险，划小艇帮助战士撤退，使部队避免了重大伤亡。

（七）张松村位于榄核西北部，东面和南面与八沙村相邻，西面与顺德区隔河相望，北面与湴湄村相近。抗战时期，连接八沙村、湴湄村、西海村等革命根据地的张松村，利用其水路、渡口等优势，发挥了抗击日军、伪军的重要作用。

第二章

革命苦旅　风云激荡

第一节 榄核地区农民运动的兴起

南沙人民具有光荣的革命斗争传统，榄核镇、大岗镇、东涌镇、万顷沙镇、黄阁镇、横沥镇、南沙街道、龙穴街道等均流传着反侵略、反压迫的故事。早在鸦片战争时期，南沙就拉开了抗击英帝国主义侵略的斗争序幕。辛亥革命期间，南沙就有一些革命志士追随孙中山，参加推翻清王朝的革命。

1921 年 7 月，中国共产党成立。在中共广东组织的直接领导下，南沙人民积极投身于以推翻帝国主义和封建军阀在中国的统治为目标的大革命。

1924 年 1 月，在中国共产党的帮助下，中国国民党第一次全国代表大会在广州召开。大会确立了联俄、联共、扶助农工三大革命政策，重新解释了三民主义，承认共产党员和社会主义青年团员以个人身份加入国民党，实现了第一次国共合作，形成了革命统一战线。轰轰烈烈的大革命运动在广东掀起，尤其是农村的农民运动迅猛发展。3 月，国民党中央执行委员会举行第十五次会议，决定成立农民运动委员会，谭平山、廖仲恺等任委员。会议还决定选取交通方便，在政治上、军事上有重要意义及在农民运动方面有一定基础的广宁、顺德、鹤山、东莞、佛山、中山、花县和广州市郊为重点区域组织农民协会。7 月，孙中山在国民党召开的广州市郊农民党员联欢大会上作了长篇讲话，指出中国农民人数最多、最艰难和最痛苦。他号召农民要结成自己的团体，要训练农团军来自卫。大会决定成立广州市郊农民协会，选举农民协会临时职员。8 月，中共广州地委为了更有效地组织农民，在党内也成立了农民运动委员会，并先后由阮啸仙、彭湃、罗绮园任书记，负责在国民党中央农民部及各地农民运动的特派员工作。中共广州地委先后派出黄谦、韦启瑞、凌希天、冯保葵、王镜湖、郑千里、陈奠钊等 20 多位同志以国民党中央农民部农运特派员的身份到番禺各地组织农民协会和发动农民运动。南沙的榄核镇、东涌镇等乡村作为番禺县所辖地区，是连接顺德、东莞、中山、广州的重点地区。

自 1924 年 7 月至 1926 年 9 月，广州农民运动讲习所先后举办了六届。番禺各地先后选派郑千里、胡任兴、刘兆棠、袁卓轩、杜淑真、李锦华、李为光、李镜清、黎炎孟等人到广州农民运动讲习所学习。在农运特派员的指导下，番禺各地农村纷纷建立起农民协会。1926 年冬，各区乡农会骨干 20 人被派到省农民协会第一届农民训练所学习。在训练期间，大部分学员参加了中国共产党，成为农会的主要领导者和组织训练农民自卫军的骨干。

1924 年 7 月中旬，第一届农讲所学员在黄埔军校接受军训后，偕同军校国民党特别党部成员连续三天在番禺宣传，帮助组织成立农民协会。广州市郊农民协会筹备会由杨林康、韩炎、池上平、蔡顺，以及国民党中央农民部 3 人、组织部 1 人、宣传部 1 人组成。该农民协会成立后，推选各乡农民协会组织成员，成立各乡农民协会。

在国共两党的大力推动下，广州近郊农民运动出现了迅猛发展的势头，农民协会组织如雨后春笋般不断涌现。1924 年秋冬期间，顺德农运特派员、共产党员黄泽南到榄核地区的浅海、上下涌、滘桶涌、粘地涌、大生涌等地组织农民协会。

1925 年初，榄核地区正式成立榄核八沙农民协会。

在此基础上，番禺县农民协会第一次代表会议在广州召开，正式宣告成立县农民协会。会议选出了出席广东省第一次农民代表大会代表。会议分析总结了番禺县农民运动的情况和各区农民协会的会务工作，提出了下一个阶段继续发展农民运动的任务。会议选举产生了县农民协会执行委员会、监察委员会及正副执行委员长、农民协会秘书。中共党员凌希天被选为候补监察委员。他以监察委员的身份，在番禺多地发动农民运动，组织农民协会，开展对地主豪绅的斗争。同年秋，省农民协会在番禺学宫举办了一个农民宣传班。凌希天参加宣传班的学习，丰富了开展农民运动的知识，提高了组织农民运动的能力。后被组织委派到榄核地区组建中共番禺一区特别支委。

之后，广东省第一次农民代表大会也在广州召开。会议认真总结全省农民运动的经验教训，并通过《经济问题议决案》《农民自卫与民团问题议决案》《农民协会今后进行方针议决案》等七个议决案，制定下个阶段农运方针政策。大会还决定成立广东省农民协会，选举产生广东省农民协会执行委员会。彭湃、阮啸仙、罗绮园为常务委员。

番禺县农民协会受广东省农民协会直接领导。番禺县农民协会的成立，标志着番禺农民运动进入了有组织、有党领导的新阶段。

此后，番禺县农民协会组织农民开展减租、反抗民团苛捐、反抗高利贷、反抗土豪劣绅等运动，兴办农民义校及开展农村公益事业。农民协会成立后广泛与各界、各群众团体联络，组成农工商学联合战线，共同参与国民革命运动。

榄核党支部的成立

　　1925 年夏，榄核地区的农民运动特派员黄泽南陆续吸收了当地农会骨干梁文华、梁炎桂、梁带、周东和、周辉雄、梁木炳等人入党。这是番禺县在沙田地区吸收的第一批中共党员。这些农民在党的教育和实际斗争中，得到了锻炼，经受了考验，政治觉悟大大提高，要求加入中国共产党。由于黄泽南组织关系在中共顺德县支部，由他在榄核地区发展的党员组织关系也在中共顺德县支部。

　　1925 年 10 月 30 日，番禺县农民协会召开第二次代表大会。会员增加至 4000 多人。

　　1926 年 4 月，广东省农民协会对番禺县农民协会进行调整，按行政区域理顺农民协会组织。随后，党员的组织关系也按行政区域转回番禺。

　　根据番禺一区的党员情况，经中共广东区委批准，中共番禺县一区特别支部成立。区委派凌希天到榄核召开一区党员会议，宣布区委决定成立中共番禺县一区特别支部。

　　1926 年 6 月，番禺农村第一个共产党支部——榄核党支部成立。冯君素在党员大会上被推举为支部书记。

　　1926 年 7 月，中国共产党第三次中央扩大执行委员会会议通过的《农民运动议决案》提出："我们的党，在一切农民运动中，应努力取得指导的地位，应在每个最低级的农会内，均有本党支部的组织，为这个农会行动指导的核心。"①

　　1926 年 11 月，广东省农民协会在番禺学宫（现广州农讲所纪念馆）设立农民训练所。第一期训练班于 10 月 30 日开学。中共广东省农委和省农民协会对训练班十分重视，指定高要、广宁、曲江、顺德、广州市郊、番禺、南海等 11 个县（区）派农民协会骨干共 300 人参加首期训练。其中番禺有 20 人。训练所由共产党员彭湃主持，并由省农民协会常务委员 2 人、训练所主任和学员代表组成委员会管理。训练班聘请罗绮园、阮啸仙、陈克文、甘乃光等担任讲授，训练内容有学习三民主义、广东农民运动、农民协会组织、政治常识和军事训练。训练班按军队编成三个大队，按军事训练方法管理，要求学员逐渐成为懂军事、会组织、有纪律的农民领袖。在训练中，一批农会优秀分子加入中国共产党。②

　　中共番禺农村组织建立后，成为番禺农民协会的领导核心。榄核地区农民运动的兴起和党组织活动的开展，使当地党组织日臻巩固和健全。

---

　　① 中共中央文献研究室中央档案馆编：《建党以来重要文献选编（1921—1949）》第 3 册，中央文献出版社 2011 年版，第 305 页。
　　② 中共广州市番禺区委党史研究室编著：《中国共产党番禺地方史》，中共党史出版社 2007 年版，第 26—27 页。

第三节

成立榄核农民自卫军及开展战斗

中共番禺农村基层组织建立后，便大力开展乡村农会的组织和建设工作，加强对农民协会骨干的训练。并通过农会开展乡村农民运动，组织农民自卫军，保卫农村革命斗争的成果。

1925 年 8 月，在榄核农民协会成立的同时，农民自卫军也正式成立。农民自卫军以贫雇农的中坚分子为骨干，组成有 200 多人的队伍，其中常备队 20 人。梁木炳为榄核八沙农民自卫军队长，关胜为榄核、涩湄农民自卫军队长。自卫军的主要任务是保家护民，一旦有大的战斗任务，由榄核党支部统一指挥。

之后，榄核党支部领导建立了榄核革命据点，制定有关章程，明确自卫军以 10—15 人为一分队，三小分队为一中队，各自操练，每月会操一次。自卫军因而成为党支部团结广大农民群众，推进农民运动的重要组织依托，成为孤立和打击农村恶势力，保护农村革命成果的武装组织。

农民运动在"一切权力归农会"的方针指导下，采取了一系列的经济和政治斗争，触动了地主阶级和土豪劣绅的利益，动摇了地主豪绅统治农村的基础，因而为地主恶霸势力所不能容。他们对农民进行了疯狂的报复，利用其掌握的民团勾结驻防军队，或勾结地方官吏，屠杀农民，进攻农会。

各地党组织通过成立农会、组织农民自卫军，促进了农民运动的蓬勃发展。农会成立农民自卫军后，积极组织训练，并重点加强对领导骨干的培训。大部分训练由特派员组织，坚持每月操练和会操，并送骨干到上级组织的培训班学习。

榄核河网交错，由于匪霸为患，祸害地方，党组织通过农民自卫军开展一系列清匪反霸、保土安民的斗争。

1925 年春，李福作为当地民团禺南护沙自卫总队队长，盘踞在榄核大坳村，其在甘岗的驻军不断对榄核、浅海等乡村强征"护沙费"和"开耕费"，盘剥农民。这时，各村的农民协会在特派员黄泽南的领导下，组织农民护耕队（即农民自卫军）抗交"护沙费"和"开耕费"，并组织农民 50 多人与顺德县"三洲"（大洲、鸡洲、乌洲）农民自卫军 100 多人联合行动，夜袭甘岗驻军，击毙 7 人，其余驻军连夜逃散。

此役保卫了春耕。农会和自卫军为保卫农民运动的成果，与地主民团和反动军队的斗争更是如火如荼地开展起来。

1925 年 8 月，榄核农民协会受到大土豪周带的破坏。榄核地区各农民协会即组成榄核八沙自卫军，在特派员黄泽南的指挥下，由队长梁木炳和关胜带领 100 多人，将五桂局榄核涌口、沙湾涌口碉楼 20 多人全部缴械遣散，赶走了周带。周带不甘就此罢休，时常组织人员阻挠或暗算榄核自卫军的行动。农民自卫军以保护农民耕种的利益为己任。一到秋收季节，土匪们便活跃在榄核地区的滘湄，企图抢收农民的晚稻。当地农民自卫军就会立即组织歼灭土匪的战斗。自卫军一方面在当地和大刀沙、大龙涌、小龙涌一带搜捕土匪，缴获土匪的枪支；另一方面还担负保护农民耕种果实、维持社会治安的任务。

1925 年 11 月，榄核、滘湄农会组织农民自卫军进行护农护稻巡查，一天下午，农民自卫军在执行巡查任务时，与一股窜来抢割农民稻谷的土匪展开激战。他们联合附近各村农民自卫军进行围捕，毙匪 4 名，伤匪 1 名，缴枪 5 支，获得全胜。农民协会还在榄核建立乡政权，并由农民自卫军常备队维持乡辖地区的治安。

1926 年 8 月 14 日，《广州民国日报》公布广东省农民协会统计全省各地农民自卫军的人数，其中番禺县农民自卫军组织有 32 个，人数 857 人。由于地主恶霸利用其掌握的民团等反动势力，或勾结驻防军队，或勾结地方官吏，进行疯狂报复，进攻农会，屠杀农众……革命斗争进入反抗—报复—再反抗的艰苦卓绝的拉锯战阶段。

中共番禺地方组织在区委的领导下，向农民群众加紧宣传，使农民相信自己的力量，并培养积极分子。党员和农会干部深入到群众当中，在农民自卫军的基础上组织人民武装。1927 年四一五反革命政变后，在国民党加紧"清乡"，到处搜捕共产党人的险恶形势下，番禺的中共党员仍然积极发动群众，做好战斗的准备。

1927 年 12 月 11 日凌晨，广州起义爆发。这是中国共产党在广州领导工人、农民和革命士兵举行的反抗国民党反动派的武装起义，是继南昌起义、秋收起义之后，对国民党反动派的又一次英勇的反击，是在城市建立苏维埃政权的大胆尝试。这次起义虽然失败了，但起义军和工农群众英勇战斗、不怕牺牲的精神，在中国人民革命斗争史上写下了光辉的一页。榄核地区的农民自卫军积极响应起义，他们于 12 月 13 日接到起义的通知，马上集中 60 多人，在梁木炳、梁炎桂、原昌盛等带领下，在榄核张保仔庙前的木棉树下誓师，乘上关胜在河面上截获的一艘汽船、一艘双桅帆船，出发前往广州，至屏山河与顺德农军会合，准备参加广州起义。

此时，获悉广州起义失败后，参加起义的队伍需撤离广州。榄核农民自卫军折回榄核后，便负责接待在广州起义失败转移到榄核地区的工人赤卫队 200 多人，并联系护送他们到各地掩蔽。

广州起义失败后，中共基层组织和农民武装面临生死考验。其中，中共顺德县委在霞石的据点暴露。顺德县委及时就近转移到榄核，与番禺一区特支会合，展开保护革命力量的秘密斗争，并及时发展和组建当地农民武装。

广州起义是中国共产党领导工农群众反击国民党反动派屠杀政策，实行武装夺取政权的伟大尝试。榄核的农民自卫军在党的领导下，组织进城参加战斗，在广州近郊打击和牵制敌人，成为起义武装力量的组成部分，在起义中发挥了积极的作用。①

---

① 中共广州市番禺区委党史研究室著：《中国共产党番禺地方史》，中共党史出版社 2007 年版，第 55 页。

第
四
节

中共番禺县委的建立

1928 年 1 月，番禺一区已有共产党员近 100 人，包括榄核、新地、涩湄、合生、护耕队等支部，以及浅海、大坳、庙贝、平稳、灵山、石碁、沙湾、石桥的党员。在这个基础上，经上级党委批准，在榄核成立中共番禺县委一区临时区委会。

中共番禺县第一区党员代表会议在榄核三圣宫庙召开，这次会议讨论研究了党的建设和今后的斗争问题，中共番禺县第一区委员会宣告成立，选举梁炎桂、梁带、周辉洪、王镜湖、冯君素、苏焯生等为区委委员，梁炎桂为区委书记，区委隶属中共广东省委领导。

1928 年 2 月，中共广东省委派巡视员阮峙垣到榄核指导番禺、顺德党组织的建设工作。2 月 10 日，中共顺德县第一次代表大会在榄核召开，改选顺德县委，李公侠任县委书记。李公侠工作两周后即被调离，由冯德臣接任县委书记，继续在榄核开展工作。3 月，中共番禺县第一区委员会在阮峙垣的主持下进行改组，进一步健全党的组织。为便于领导农会作斗争，在榄核地区组织五乡（涩湄、合生、沙湾涌、榄核头、榄核尾）农民协会党团组织，由区委委员梁带任五乡党团书记，设立五乡护耕棚厂，派驻护耕队常备队员与反动派作斗争，保护农民利益。

根据番禺县党组织发展的情况，中共广东省委决定准备召开中共番禺县代表大会，成立番禺县委。4 月 16 日，中共番禺县第四区委常委凌希天来到榄核，与一区委讨论成立中共番禺县委员会的工作。根据中共广东省委的决定，先成立中共番禺县委员会筹备委员会，推定一区委的梁炎桂、梁带、关胜、王镜湖，二区委的麦仰天，四区委的韦庸之等为筹备员，筹备党代会各项事宜。

韦庸之代表中共番禺县委员会筹备委员会到省委汇报筹备工作。省委认为，现在是非常时期，不必走烦琐的筹备程序，可由各区派出代表召开联席会议，成立临时县委，然后召开全县党员代表大会，正式成立县委。

1928年5月1日，根据省委意见，中共番禺县各区代表联席会议在榄核三圣宫庙召开。参加会议的各区代表为：一区王镜湖、梁炎桂、梁带、周辉洪，二区麦仰天，四区韦庸之、罗振强等。省委巡视员周松腾、凌希天主持会议，梁木炳、郭金洪、黄泽南、钟池参加了会议。

会议对成立番禺临时县委的筹备事项尤其是对人事问题进行了讨论，协商推举周辉洪、韦庸之、梁带、王镜湖、凌希天、麦仰天、梁炎桂、关胜、黄泽南9人为中共番禺临时县委委员。临时县委推举韦庸之、周辉洪、梁带3人为常委，韦庸之任临时县委书记，黄泽南为临时县委秘书，王镜湖为巡视员。临时县委设立军事委员会，梁带任军事委员会主席，韦庸之、梁炎桂、关胜、钟池为军事委员会委员。

会议作出关于贯彻省委关于组织建设、组织联席会议、宣传联席会议制度的决议，决定各级党组织加强宣传，用广州暴动意义、苏维埃问题、土地问题、共产主义问题训练党员干部；部署发展壮大党的组织，吸收工农积极分子入党；继续组织秘密农会和护耕团等。

1928 年 5 月 1 日成立番禺临时县委时一区下辖组织一览表

区委	支部名称	人数	支部名称	人数
一区委 （书记梁炎桂）	榄核支部	26	平稳支部	5
	新地支部	22	大靴支部	6
	涩湄支部	18	护耕队支部	6
	合生支部	10	张松	2
	庙贝支部	8	沙湾涌	2
	石碁支部	6	灵山	2
	大坳支部	5	大崩涌	3
	滘涌支部	8	酬劳沙	3
	浅海支部	7	墩涌	1

中共番禺县临时委员会（简称"中共番禺临时县委"）的成立，克服了过去番禺、顺德党组织交叉活动，党组织缺乏统一领导的状况。成立中共番禺临时县委时，全县共产党员共有 182 人，其中一区有共产党员 140 人，已成立党支部 18 个，其中榄核支部党员人数最多，达到 26 人，新地支部 22 人，涩湄支部 18 人，合生支部 10 人，庙贝支部 8 人，大靴支部和护耕队支部各 6 人，大坳支部和平稳支部各 5 人，张松支部 2 人。一区还有将成立和可成立的支部 7 个。二区有支部 4 个，党员 15 人；四区有支部 3 个，党员 24 人。中共番禺临时县委的旧址，就设立在榄核涌口的三圣宫古庙里。

在这个过程中，榄核因其特殊的地理位置和革命基础，成为周边关联地区开展革命活动的重要支点，在大革命时期发挥了不可磨灭的党建阵地作用。

第五节 白色恐怖下党在榄核的斗争

1928 年 6 月 11 日，中共广东省委作出"番禺各区、南海九区，统划归广州市委监管，取消番禺县委"的决定。7 月，中共广州市委决定接管番禺县党组织，原番禺临时县委辖下的一区、二区、四区党组织分别划归中共广州市委管辖。连同原属广州市郊委管辖的党组织，南海县、增城县连接广州的部分党组织，分为广州市南郊区委、东郊区委、西郊区委、北郊区委。番禺临时县委和各区委均撤销，新成立的南郊区委包括番禺一区和二区大部分地区，以及北接广州河南，南至榄核、灵山等地的党组织。8 月，中共广州市委委员姚常到榄核地区召开南郊区委会议，指定凌希天为中共广州市南郊区委书记，调离原代理区委书记李公侠。当时的中共广州市南郊区委所辖支部 19 个，党员 139 人，榄核支部依然是党员最多的支部，达到 23 人。

中共广州市南郊区委下辖支部一览表

区委	支部名称	人数	支部名称	人数
南郊区委	榄核支部	23	石碁支部	3
	滘湄支部	18	大山支部	13
	新地支部	14	官坑支部	7
	浅海支部	6	塘步支部	5
	合生支部	9	沙湾涌	2
	护耕队支部	5	横河	2

（续上表）

区委	支部名称	人数	支部名称	人数
南郊区委	滘涌支部	8	酬劳沙	2
	大靴支部	10	大崩涌	2
	庙贝支部	4	沙湾市桥	3
	平稳支部	3		

1928 年 10 月，国民党容奇驻军团长巫剑雄率部到榄核地区围乡，榄核地区农民协会执行委员、护耕队队员原昌盛被捕，后在广州被杀害。在敌人血腥屠杀面前，活动在榄核的中共番禺地方组织领导人民坚持不屈不挠的革命斗争，一些支部逐步恢复农会。

此时，广州市委接连遭受破坏，市委书记李耀先被杀害。12 月初，中共广东省委在香港召开扩大会议，决定由广州市委委员姚常任省委候补常委，并兼任广州市委书记，恢复市委工作。12 月下旬，姚常在广州被捕，随即叛变，并带领国民党反动军队到各地搜捕共产党员。12 月 28 日，姚常带领国民党军警百余人包围芳村地区的蟛蜞窿抓捕共产党员，陈锦生、梁耀、梁添、梁灿坚、陈秋成、陈巨成、原南、叶佳、郭珠等 9 人被捕后面对敌人的严刑拷打，坚贞不屈，宁死不降。

1929 年 1 月上旬，在叛徒姚常的带领下，驻容奇国民党反动军队建国第五军十五师用 10 余艘拖轮载兵到榄核，围捕活动在榄核地区的番禺及顺德的共产党员。番禺党组织被迫组织群众从水路撤至下八沙（灵山地区）一带。敌人两天两夜的搜捕，导致群众财物损失惨重。

1929 年 1 月 20 日，在榄核地区的番（禺）顺（德）两县党组织领导人凌希天、黄泽南、冯德臣、何秋如等为应对姚常叛变的事件，准备在酬劳沙、大生围召开会议研究对策。是日，姚常带领番禺县游击队（县兵）副营长、省警察署侦缉队队员百余人乘船到大生围搜捕共产党员。先期到达准备参加会议的冯德臣、黄泽南及党员梁少依 3 人被捕，后经党组织多方面营救，获得保释。围捕大生围后，姚常又带领国民党军警到大山乡搜捕共产党员。共产党员叶耀权、深井乡秘密农会执委何秋被捕并被杀害。凌希天、何秋如等继续辗转寻找安全地带，研究对策，安排部署反抓捕党员的工作。5 月，凌希天到香港向省委请示工作。由于广州市委屡遭破坏，省委决定任凌希天为广州市委负责人，让其继续领导番禺党组织的工作。

1929 年 10 月，由于姚常叛变，番禺党组织在短短几个月内遭受重大损失。国民党军警经常到榄核、灵山一带围捕，部分党员干部被迫撤到外地继续革命活动，不少共产党员遭逮捕。广州市南郊区委书记凌希天是这次被国民党反动派逮捕的人员之一，几天后凌希天被国民党反动派残忍杀害，年仅 29 岁。

因为凌希天的牺牲，广州市委决定再委派李公侠回南郊区委代理区委书记。此时，南郊区委下辖榄核、新地、合生、滘涌、湴湄、浅海、护耕队、大靴、庙贝、平稳、石碁、大山、官坑、塘步 14 个支部，党员人数由于国民党反动派的残忍抓捕、杀害而大幅度减少。

这时全国的革命形势也处于低潮。中共广东省委、广州市委机关屡遭敌人破坏，领导人接连被捕遇害。自此，由于敌我力量悬殊，政治形势复杂多变，番禺的党组织与上级失去联系。

1930 年 1 月，中共广东省委给顺德县委的信中指出："沙湾（包括榄核地区）工作暂归你们直接指挥，祈给他们更多的具体指示。"虽然与中共顺德县委建立了短暂联系，但随后顺德县委也遭到破坏，番禺地区的党组织被迫暂停活动。虽然如此，但以榄核为中心的大部分关联地区仍然在坚持革命斗争，只是被迫由公开转入隐蔽。一些党员外出隐蔽，但仍有部分党员坚持原地斗争，大生围附近乡村的党员还主动与顺德县委取得联系，坚持就地斗争。

第六节 榄核农民协会开展的革命斗争

榄核地区的农民协会在党组织的坚强领导下，开展一系列革命斗争。

一、参与平定广州商团叛乱

1925 年 10 月，在与反革命势力斗争的严峻情况下，番禺各地农民协会响应号召，榄核部分农民自卫军奔赴广州，参与广东革命政府平定商团的运动。

正当国民革命军东征远离广州之际，驻穗之滇系军阀杨希闵、桂系军阀刘震寰阴谋推翻广东革命政府，勾结军阀唐继尧及段祺瑞、陈炯明等，乘机在广州发动叛乱。

番禺县农民协会响应中共广东区委号召，参加在广州召开的区、乡农民协会联席会议，发表宣言，表示"誓以全力拥护革命政府，驱除一切反革命有危害现革命政府者，当合全县农民共讨之"。

在省农民协会领导郑千里的组织下，番禺县农民协会（含榄核农民协会积极分子）在广州市瘦狗岭与杨、刘军阀部队激战。当国民革命军回师讨伐杨、刘叛军，部队到达广州外围时，包括榄核地区在内的农民自卫军纷纷为革命军作向导，担任后方警戒部队，护送辎重。并随革命军开进广州，参加平定杨、刘叛乱的战斗，受到省农民协会的表彰。

二、支持省港大罢工

1925 年 6 月，在中共广东区委和中华全国总工会领导的省港大罢工中，番禺县农民协会积极组织辖区的农民自卫军，坚决响应中共广东区委的号召，全力支援五卅运动和省港大罢工，积极组织各地农会和农民自卫军参与斗争和参加在广州召开的援助上海的五卅运动示威大会。会后，5 万人举行反帝游行示威，抗议帝国主义暴行，高呼"工农商学兵团结起来""打倒帝国主义""推翻国内一切军阀""打倒土豪大地主""实行耕者有其田"等革命口号，高唱工农兵团结歌："工农兵，联合起来向前进！我们暴动，我们牺牲，我们胜利，杀向帝国主义大本营。"游行队伍走到沙面时，遭英、法帝国主义者枪击，当场被打死 50 多人，重伤 170 多人。这是骇人听闻的沙基惨案，帝国主义者的屠杀更激发起中国人民的义愤。

沙基惨案后，中华全国总工会、广东省农民协会、广东全省教育会、省（市）商会等团体组成了农工商学联合会，建立并巩固了"农工商学之联合战线"，在各地开展支持省港罢工的行动。榄核农民协会积极响应，以广州附近农村各地农会和农民自卫军为基础，配合省农工商学联合会的行动，不断组织与工人相结合的示威游行，发动教师、学生罢课，商人罢市等行动。同时，参加游行大会，声讨帝国主义。

对省港罢工委员会组织工人纠察队实施封锁香港的行动，广州各区乡农会均坚决支持，组织当地农民自卫军大力协助派驻番禺各地的工人纠察小队，先后在市桥、榄核、石碁、大石、新造、礼村、芳村、黄阁、万顷沙等地的水陆路与工人纠察队开展缉拿私商、打击走私匪徒和土豪包庇私商的武装战斗，把缉缴的走私物品送交省港罢工委员会。

三、支援北伐战争

1926年7月9日,在中国共产党的大力推动下,国民政府发出《北伐宣言》,国民革命军在广州誓师北伐。5万多名各界群众参加了誓师大会,广州市郊和番禺农民协会也有组织会员、农民自卫军和农民群众参加。在战争中,番禺农民协会组织辖区农民自卫军,发动广大农民群众完成送弹药、送粮秣等后勤任务,为北伐的胜利进军作出了贡献。

随着北伐战争的发展,革命中心逐步向湖南、湖北转移。番禺地区的反动势力日益嚣张。国民党右派、反动军队、土豪劣绅、土匪、民团大肆攻击农民协会,压迫农民。番禺县署在全县推行农田每亩加抽捐税一毫的规定,限农民在两个月内提前清完,并派员催办。农民由于不堪重负,多次呈请豁免,并要求取消不合理之田亩捐,但未获批准。

番禺县农民协会根据广东省第二次农民代表大会《废除地主对农民苛例决议案》和《沙田保护问题决议案》,发动农民到省政府请愿取消田亩捐。番禺县各地农民选出代表带领数百人列队到省政府请愿,并发出宣言。

四、加强农会建设,惩办贪官民团不法军队

1926年8月,在中共广东区委的领导下,广东省农民协会召开执行委员会扩大会议。参加会议的除省农民协会全体执行委员外还有各路办事处代表、番禺(含榄核派出的农民协会代表)等42个县(郊区)农民协会代表共108人以及中共中央代表瞿秋白等。会议中心议题:"第一是在这个疾风暴雨的时期怎样去巩固内部,把自己的组织更加严密集中,使农民更有机会受革命的训练和纠正以往的错误;第二是必须规定出一个目前行动的纲领,

领导农民在目前怎样去奋斗。"会上，各地代表纷纷谴责压迫农民的贪官污吏、焚劫农村屠杀农民的不法军队、剥削敲诈农民的土豪劣绅、苛抽惨杀农民的民团、劫掠农村的土匪。

会议通过了《广东省农民目前最低限度之总要求》《请愿政府惩办贪官污吏土豪劣绅民团不法军队并剿办土匪》等15个决议案。中共广东区委给会议发来贺信，明确指出："中国共产党是代表工农利益的党，是代表工农利益参加国民革命的党，在广东曾经并且永远帮助广东的农民，反抗百分之六十至七十五之残酷剥削，要求此剥削之程度减少到百分之二十五，并且帮助广东农民达到取缔专利剥削，取消一切苛例虐待之目的。"① 会议期间，阮啸仙、彭湃等带领全体代表前往国民党中央党部、国民政府、广东省政府请愿，要求惩办摧残农民运动的贪官污吏、不法军队、豪绅地主、反动民团。

会后，番禺县农民协会随即召开各乡农民协会第三次代表大会，榄核农民协会作为番禺县农民协会的成员之一，利用榄核独特的地域优势，和其他乡一样，深入学习讨论广东省农民协会执行委员会扩大会议的决议案，加强农民协会的建设；通过通电拥护省农民协会执行委员扩大会议《广东省农民目前最低限度之总要求》和《为援助双井农友被土豪压迫案》等决议；反击土豪民团、土匪的摧残。

五、抗击国民党的"清乡"斗争

北伐军占领上海和南京后，蒋介石在帝国主义和江浙财阀的支持下，即密谋分裂革命统一战线。1927 年蒋介石在上海发动四

---

① 中共广州市番禺区委党史研究室编著：《中国共产党番禺地方史》，中共党史出版社 2007 年版，第 39 页。

一二反革命政变，解散上海总工会等革命团体，收缴工人纠察队的武器，逮捕、杀害共产党人和革命群众。同时，国民党广东当局在广州实行"清党"，开始在广州进行反革命大屠杀，搜查工农革命团体，逮捕共产党人，搜查和封闭了中华全国总工会广州办事处、省港罢工委员会、广州工人代表大会、广东省农民协会、广东妇女解放协会等200多个革命团体。据不完全统计，在广州被捕的有2100多人，其中共产党员600余人；被秘密枪杀的有10多人，其中有番禺籍的共产党员沈春雨、罗大妹、何全等。至此，轰轰烈烈的大革命运动宣告失败。

国民党广东当局为解除中共对农民运动的领导，派出詹菊似组织广东农民协会改组委员会，制定了《广东省农民协会改组委员会改组各地农会条例》（简称《条例》），规定各改组委员分别前往各县接收农民协会，成立改组委员会，接收各区乡农民协会。《条例》声称，"不服改组"者，"即知会政府及防军缴械解散"。《条例》还规定，凡是共产党员或拥护共产党的各级农会领导人，一律开除出农会。

番禺县农民协会被省改组委员会派出黎志川接收并改组。由共产党员帮助组建的国民党番禺县党部被改组委员会接收、改组。改组宣言称：目前之番禺县党部由"共产党之跨党党员"所把持，"假国民党之名，行共产党之事"。原国民党番禺县党部执行委员马戎、梁禹传先后在广州遇害。李惠覃、李志公等被迫逃亡。至此，在大革命时期掀起的番禺工农群众革命运动遭到失败。中共党员在番禺的活动被视为非法，不得不转入地下。

大革命失败后，榄核人民并没有被反动派的大屠杀所吓倒。他们在中共番禺地方组织的领导下坚持斗争，反对国民党当局强行加倍征收"护沙费"。

国民党统治当局加紧对共产党和革命人民的镇压，宣布共产党组织为"非法",加入共产党成了最大的"犯罪"。他们派出部队到榄核"清乡",搜捕共产党员和革命群众。土豪劣绅乘机加强对农民的压迫剥削。

国民党广东当局"清党"以后,土匪掳劫和军队围捕,在榄核地区一个月内就会发生数次,他们到处搜捕共产党员和农民协会会员,以致乡民拖男带女走得五零四散。在土匪和反动军队的压迫下,农民生活更为困苦。

农民劳作以分耕为最多。包农者向地主佃出田来,雇农民耕种,供给本钱、牛只、肥料等。到割禾时,农民则将所割得之谷缴交大部分作佣银,每 100 斤谷包农者占 75 斤,农民占 25 斤。农民还要纳"护沙费"、警区费等许多苛捐杂税。

国民党当局以番禺县县长名义发布告示,指"耕地农有"是"共产党愚弄乡民破坏社会安宁以为捣乱秩序之口号"。同时,派出军警,连同国民党驻军周汉玲部、驻容奇巫剑雄部到榄核一带围乡,逮捕共产党员和农会领导;又在各乡村组织建立"人民警卫队",并要农民交纳"人民警卫队"费用,每支枪纳费 3 元多。县长李民雨还以"围捕""剿匪"为名,带着军队、民团到各乡掳人、勒索、强抢财物,督办组织"人民警卫队"。

面对恶劣的环境,番禺临时县委从发动群众开展经济斗争入手,在斗争中吸收勇敢、忠实分子入党;把农民协会转入地下,把农民自卫军改名为农民护耕队,与国民党反动当局和民团作斗争。加紧组织护耕后备队,以免护耕队被孤立,并采取能坚持可公开的地方公开,不能公开的地方则秘密进行的斗争策略。发动各乡农民协会会员和农民反对强征"护沙费",并在灵山庙召开大会,赶走了称霸一方的国民党反动当局成员苏樵伟,保护了农民利益。

榄核、灵山地区的农民协会在中共番禺一区特支的领导下,继续斗争。国民党军队到该地区"清乡"时，共产党员、农民护耕队正队长关胜、副队长梁木炳带领护耕队与国民党军队战斗，打退了"清乡"部队。关胜在战斗中负伤。

中共番禺地方组织在深入发动群众坚持斗争的同时，向农民宣传政策，教育、改造土匪，加强党的组织建设。榄核农民协会在党组织的领导下，继续开展反抗民团、土豪、地主的斗争。

第三章

保卫家园　抗日救亡

第一节 南沙人民抗战的历史背景

1931 年 9 月 18 日，日本帝国主义侵占东北沈阳。中国共产党多次发表宣言，作出决议，号召工农红军和人民群众以民族革命战争驱逐日本帝国主义出中国。

蒋介石政府采取不抵抗政策，使中国东北三省在短短 3 个月内便完全沦陷。在民族生存受到严重威胁，在民族矛盾逐步上升为主要矛盾的紧要关头，抵抗日本帝国主义的侵略成为全国人民最急迫的任务和普遍的要求。

中国的工人、农民和学生要求反抗日本侵略，而且一切不愿做亡国奴的阶级和阶层都纷纷参加到反对日本侵华的这一斗争中来。其中，包括番禺县立师范学校在内的广州中等以上学校的师生，有 1 万多人举行游行示威，向国民政府的西南政务委员会请愿，要求政府对日宣战。

各地纷纷召开抗日救亡大会，番禺县辖区的各机关、团体、学校代表千余人参加。抗日救亡大会上通过四项决议：一是通电全国，促蒋下野，一致对外；二是举行国难志哀，下半旗，臂缠黑纱 10 天，停止娱乐、嫁娶 3 天；三是组织抗日救国会；四是当日赴会人员回家将所有留存日货一律焚毁，以示决心。会后，各个城乡群众均掀起了抗日救亡运动。

在抗日救亡运动的推动下，番禺的先进知识分子和各界抗日人士纷纷组织起来，出版刊物，演出话剧，宣传抗日救亡，激发爱国热忱。一些思想进步的学生自发组织读书会，自费订阅多种杂志报纸，阅读马列主义著作，并定期举行讨论。他们组织了社会科学研究会，研读列宁的《国家与革命》、斯大林的《论列宁主义基础》等马列主义著作。

中共两广省委也于 1931 年 10 月 20 日和 22 日连续发表第 6 号通告和宣言，反对日本帝国主义对中国的侵略。中国共产党的主张代表了全国人民的共同心声。

北平、天津、上海、广州等各大城市成千上万的学生纷纷罢课、游行，成立抗日救国会、抗日义勇军、日货调查团等，并选派代表赴南京请愿，要求国民政府对日宣战。急风骤雨般的抗日救亡运动在中国大地掀起。

1935 年 5 月，日本帝国主义借口中国方面援助东北义勇军的行动破坏了《塘沽协定》，调遣东北日军大举入关，并策动河北、察哈尔、绥远、山东、山西等华北五省的所谓"自治运动"。

在日本帝国主义步步进逼的万分危急关头，1935 年 12 月 9 日，北平爱国学生 3000 多人冒着零下 20 多摄氏度的严寒，手挽着手，冲破国民党军警重重的封锁，高呼"打倒日本帝国主义""停止内战，一致抗日"等口号，举行抗日示威大游行，反对卖国的"华北自治"运动。北平学生举行抗日示威大游行的消息传到广州，立即在广大青年学生中产生了强烈的反响。广州学生以突进社、马列主义行动团等秘密革命团体成员为骨干，于 12 月 12 日、12 月 31 日和 1936 年 1 月 9 日，先后三次举行抗日示威游行，响应北平学生一二·九爱国运动；并组织抗日宣传队，分赴省内各地开展抗日宣传活动，推动广东各地开展抗日救亡运动。

为响应北平学生南下扩大宣传团到农村去"唤起民众"的号召，部分广州进步学生深入乡村，为农民举办夜校，组织歌咏团等，开展抗日救国宣传活动，打下了良好的群众抗日基础。

中共广州地方组织重建后，又派出党员到市郊和番禺等邻近各县开展抗日救亡宣传和发动工作，发展党员。番禺地区恢复党组织活动，重建基层组织，逐步推动全域群众性的抗日救亡运动走向高潮，为建立抗日救亡统一战线，迎接全民抗战的到来创造了有利的条件。

1937年7月7日，日军进攻卢沟桥，中国守军奋起抵抗，中国抗日战争全面开始。7月8日，中国共产党中央委员会向全国发出通电，号召"全中国同胞、政府与军队团结起来，筑成民族统一战线的坚固长城，抵抗日寇的侵掠"。

8月22—25日，中共中央政治局在陕北洛川举行扩大会议。会议通过《中共中央关于目前形势与党的任务的决定》和《抗日救国十大纲领》。抗日战火在中国各地纷纷燃起。抗击日本侵略军的战斗，在大江南北不断打响。

1937年9月14日凌晨，虎门要塞中国守军的两艘军舰肇和号和海周号按往常的巡逻路线巡航到大角与沙角一线的海口时，隐藏于舢板洲后的五艘日本军舰形成战斗队形，突然冲向中国军舰，用大口径火炮向中国军舰开火。此时，日本舰队已进入虎门要塞岸炮群的射击范围，大角山、沙角、威远、蒲州等岸防炮台集群的40多台炮同时向日本舰队猛烈开火。霎时间，海面上炮声震天，硝烟弥漫，隐蔽在一侧的中国海军鱼雷快艇、炮艇也高速冲向日本舰队。在这次海战中，一艘日本驱逐舰中弹起火，其他三艘日本军舰也不同程度受损。

虽然虎门要塞后来落入日军之手，但是作为广州抗击日本海军的第一战，虎门海战的胜利粉碎了日本海军不可战胜的神话，增强了人们坚持抗战的信心。从1937年9月正式开战，到1938年10月5日虎门要塞陷落，日军先后对虎门发动过三次大规模进攻，虎门要塞的中国守军顽强拒敌一年多，阻滞了日军的侵略步伐,有力地保护了从香港到广州的战略物资补给线,沉重打击了日本侵略者的嚣张气焰。

1938年4月,中共广东省委员会成立。省委号召党员军事化,必须积极参加民众抗日武装,开展抗日武装斗争。在中共抗日民族统一战线政策的指引和国共再度实现合作的大好形势的鼓舞下,番禺各地掀起了抗日救亡运动的高潮。

中共广州教忠中学支部书记张江明带队,到番禺各乡村开展抗日救亡宣传活动,他们一方面组织农民夜校、妇女识字班、儿童歌咏队、农民演剧队、救护队等群众性抗日救亡组织;另一方面联系各乡抗日积极分子,先后组织起13个乡救亡工作者协会,并进一步建立起农民自卫武装,使各乡分别建立了抗日自卫团。榄核抗日自卫队在番禺县抗日自卫总队等民众抗日救亡组织的领导下,举办献金救国活动,他们筑起献金台,动员各界人士献金,将募得的资金用来支持抗日斗争。

1938年10月29日,留守在南沙大角山、蒲州炮台的士兵,在南横场阻击了登陆的日军,一天内击溃日军数次进攻。至翌日晨,击毙击伤日军数十人。但守军排长及数十名士兵除一人生还外,其余全部捐躯。

1943年2月5日,日本侵略军还在榄核甘岗村制造了"国本惨案"。

日本侵略军侵占番禺后,还加紧诱降当地国民党势力,收编土匪,扶植汉奸,建立伪军和伪政权,以巩固其对占领区的统治。日本侵略军控制了番禺南部,派重兵把守水陆交通要道,实行法西斯统治。

因为榄核地处番禺、顺德、中山三县的边缘地带,又处在日本侵略军据守的市桥(番禺)、大良(顺德)、大岗(中山)这三个据点之间,而这里周围是大片肥沃的沙田,素有"粮仓"之称，所以自沦陷以来，日军、伪军、国民党顽固派军队以及土匪头子像一群饿狼似的，争夺着这块肥肉。日本侵略军对榄核地区开展"扫荡"，村民均被抢掠，无一幸免，日军炸商铺、烧房屋，严刑拷打村民，甚至用刀捅死村民。

在此惨烈的情形下，南沙人民开展了一系列抗日救亡，保卫家园的不懈斗争。①

① 中共广州市番禺区委党史研究室编著：《中国共产党番禺地方史》，中共党史出版社 2007 年版，第 129 页。

第二节 榄核人民的抗日斗争

1942 年 2 月，中共中央南方局为加强对广东敌后抗日武装的领导，设立东江军政委员会，统一领导东江下游和珠江三角洲抗日游击区的军政工作。从 6 月起，由于南方工委和粤北省委被破坏，中共中央和中共中央南方局给广东党组织的指示都由东江军政委员会传达、贯彻，东江军政委员会实际上代行了广东省委的职能。12 月，中共中央决定成立中共广东省临时委员会。同月，中共南番中顺中心县委决定组织挺进广州工作组，由卫国尧、卢德耀在广州南郊沥滘、禺南（包括榄核地区）等地建立秘密据点。

1943 年初，广东省临委和东江军政委员会以联席会议形式，作出重大决策，对全省的党组织和军队实行统一领导。

此时，日本侵略者为了摆脱困境，一方面继续对中国敌后战场进行大规模的"扫荡"，掠夺战略物资；另一方面对国民党加紧进行诱降活动，以结束对中国的战争。

在珠江三角洲，日本帝国主义加紧对中国共产党领导的人民抗日武装进行围攻，对根据地进行"扫荡"，他们以第一〇四师团大部和独立中队，混成第二十二旅团重点驻守广州、佛山、黄埔、新造、九江、大良、江门、石岐、唐家湾、斗门等地。

驻在番禺、顺德的日本侵略军第二十师两个旅五个团约 4000 人，他们以珠江三角洲敌后人民抗日武装为主要对象，进行长期的、残酷的围攻和"扫荡"，同时扶植和强化地方汪伪政权。国民党挺进第三纵队驻守中山、顺德部分地区，他们对日军采取消极避战或妥协政策，对土匪进行威吓收买，而对共产党领导的人民抗日武装则持打击消灭的敌对态度。国民党第七战区再制订"剿匪"计划，将南番顺抗日游击区列为"清剿区"，把中国共产党领导的人民抗日武装诬蔑为"奸匪"，叫嚣着要对其加以消灭。在日本侵略军和国民党顽固派的夹击下，广东人民敌后抗日游击战争处在最困难的时刻。

鉴于当时的情况，中共南番中顺中心县委在顺德西海召开会议，提出"经营禺南，发展中山，开辟南（海）三（水）地区"的口号，决定西海部队（原广州游击区二支队）暂避日军、伪军锋芒，将大部分部队从内线转到外线作战。

1943 年 2 月，中共广东省临时委员会、广东东江军政委员会根据周恩来关于"领导游击区及秘密党的组织和人均须区分开"的指示，决定珠江敌后实行部队与地方党组织分开，成立南番中顺游击区指挥部（简称"南番中顺指挥部"），指挥林锵云，政治委员罗范群，副指挥谢立全，副指挥兼参谋长谢斌（亦改名为刘斌），政治部主任刘向东。

南番中顺指挥部成立后，番禺地区抗日游击队禺南大队改编为南番中顺游击区指挥部广游二支队新编第二大队，其作为中国共产党领导下的抗日武装力量之一，坚持战斗在抗日一线。

在榄核出生的抗日积极分子杨忠，祖辈都是农民出身，从小随父兄弟在榄核大崩涌务农。一年夏天，第五涌土匪来犯，杨忠带领几个兄弟联合当地乡亲，组成自卫队，赶走了土匪。从此，榄核群众推举杨忠为自卫队队长。杨忠主张抗日，积极投入抗日斗争，认为当汉奸者遗臭万年，国民党挺进第三纵队的人无信义，不可靠。杨忠虽受敌伪和顽固派势力的多方威逼，孤军作战十分困难，但他在战斗中仍十分坚定对敌斗争的信心和决心。

当时，日本侵略军、伪军和国民党顽固派军队对禺南的人民抗日武装不断跟踪追击。日军采取假演习的办法，以"投石惊林，梳篦往返"的战术，引诱和逼迫人民抗日武装暴露目标。伪军派出侦探，乔装为算命先生、补鞋匠、补锅佬、串街小贩等，四处侦察人民抗日武装及其指挥机关的踪迹。

面对敌军的追击，南番中顺指挥部一开始隐蔽在江南村的部队得到人民群众的支持和保护，指挥部工作得以正常顺利开展。

1943 年 3 月，中共广东省临委鉴于日军、伪军对南番中顺游击区"扫荡与清剿加强和顽方对我进攻之残酷，本区斗争今后愈益艰苦"的情况，指示"一切工作布置必须从长期打算，组织力求掩蔽精干，准备在最严重环境下仍能继续坚持独立斗争"。①"南番中顺因组织仍太薄弱，且全系敌后，实际工作仍需着重发展"，决定在南番中顺游击区指挥部成立之后，对地方党组织领导机构也作出相应调整，撤销南番中顺中心县委，成立中共南番中顺临时工作委员会（简称"南番中顺临工委"），书记为罗范群（主要负责部队工作），副书记陈翔南（主持临工委日常工作），委员谢创。

南番中顺指挥部内设党的总支委员会，书记严尚民，负责南番顺地区部队党的工作；副书记梁奇达，负责中山地区部队党的工作。南番中顺临工委领导南海、番禺、中山、顺德县地方党组织，设特派员制，采取单线联系，不发生横向关系。

同年 12 月，南番中顺临工委撤销，成立中共珠江特别委员会

① 《林平致中央并恩来电》（1943 年 3 月），载于中央档案馆、广东省档案馆编：《广东革命历史文件汇集（1941—1945）》，（内部资料）1986 年版，第 239 页。

(简称"珠江特委"),继续领导该地区更大范围的抗日斗争。

因为榄核地区战略地位特殊,一方面地区内河网交错,还有茂密的甘蔗林,是抗日斗争的自然屏障;另一方面三圣宫这个地方是最早建立中共番禺临时县委的地方,有着一定的政治影响力。

在抗日斗争中,中共番禺地方组织广泛发动群众开展抗日救亡运动,领导人民抗日武装,开辟和建立抗日根据地。在榄核地区逐步形成抗日武装规模。通过详细分析当前形势,地方党组织认为在榄核地区,不但要在军事上把日本侵略军赶走,而且要通过统战工作,通过同当地的抗战派力量合作,共同维护地方治安。

因此,他们在各乡村先后建立隐蔽斗争的根据地。其中八沙村、涩湄村及邻近的牛角村、合沙村、大坳村、大生村、甘岗村、绿村村等都是连接榄核与沙湾等禺南地区的主要区域,境内大沙田的蕉林蔗地也为游击队战士的进退提供了隐蔽的战场。

番禺沦陷时期,面对地主恶霸和日本侵略军的欺凌,榄核人民组织村民,成立农民自卫队与其周旋,保家护民,参与抗击汉奸、恶霸、日伪驻番禺头子李辅群的斗争。利丰围作为南番中顺游击区指挥部所在地,指挥部在那里指挥南番中顺地区的敌后抗日斗争,培养、训练了大量的军事干部。①

---

① 中共广州市番禺区委党史研究室编著:《中国共产党番禺地方史》,中共党史出版社 2007 年版,第 81 页。

广游二支队在榄核建立抗日根据地

一、广游二支队的成立与壮大

1938 年 10 月 21 日，广州沦陷。翌日，共产党员吴勤在广州南郊崇文二十四乡组织成立抗日义勇队，队员有五六十人。义勇队成立后，就开展对日作战。11 月上旬，他们在南海平洲夏溶附近河面上伏击日军的 2 艘运输船，毙伤 10 多名日本侵略军。其所缴获的几百包大米，全部送去救济难民。接着，为破坏日本侵略军交通运输线，阻延其西进，吴勤率部袭击了广（州）三（水）铁路小塘车站。

经过这两次战斗，吴勤和抗日义勇队的影响逐渐扩大，为人民群众拥戴和支持。为使抗日义勇队得到武器和给养，以便更好地开展抗日武装斗争，吴勤于 11 月与在广州沦陷前夕撤退到广宁县的广州市市长兼西江八属总指挥曾养甫取得联系。曾养甫在广宁县成立了广州游击指挥部，正筹建游击队。当吴勤与他取得联系后，曾养甫即拨给吴勤 300 元活动经费，并给予抗日义勇队以广州市区游击第二支队番号（简称"广游二支队"），委任吴勤为司令，共产党员冯君素为政训室主任。当时，吴勤一方面为了壮大声势，扩大队伍，另一方面也为了把一部分地方实力派争取过来，曾广发番号，将一些地方实力派武装收编，使广游二支队迅速扩大到 19 个大队共 2000 多人。

中共广东省委在给中共中央的报告中提出，对广游二支队要"加强党的领导"，"注意训练，培养干部，建立民主的政权，主要的是打击顽军，准备基础，在将来战争扩大的时候，能跳出来南顺的范围来发展"。[①]

根据中共中央和中共广东省委的指示，中区特委、北江特委和八路军办事处相继派了李少松、肖强、郭彪、黎民惠等一批干部、共产党员到广游二支队工作，分别担任中队长、小队长或班长，加强中国共产党在广游二支队的领导。

1938 年 12 月，吴勤去韶关找中共广东省委，后又到香港找到广东省委委员、八路军驻香港办事处主任廖承志，请求广东省委派人到广游二支队工作，加强领导。中共广东省委、八路军驻香港办事处和中共东南特委非常重视广游二支队的发展，于是廖承志派澳门旅澳中国青年乡村服务团成员冯剑青、李苏、赖建荣等到广游二支队工作。

1939 年 1 月，广游二支队转移到禺南。中共广东省委派党员干部刘向东到番禺会见吴勤，了解广游二支队的情况，并向吴勤传达了省委和廖承志的指示。吴勤表示要依靠共产党，有决心发展广游二支队，要求省委尽快派干部到广游二支队工作。3 月，省委派刘向东到广游二支队工作。出发前，省委书记张文彬向刘传达了中共六届六中全会精神。中共中央确定广东党组织的工作方针和主要任务是：长期积蓄力量，积极在战争中发展力量，准备在抗战最后阶段起决定性作用。张文彬要求刘到广游二支队后，要动员组织群众，广泛开展敌后抗日游击战争。并要他开展统战

[①] 《张文彬关于广东工作报告——抗日战争发展，各政治派别关系、党的工作（1940 年 4 月 23 日）》，中央档案馆、广东省档案馆编：《广东革命历史文件汇集（1940）》，（内部资料）1986 年版，第 188 页。

工作，整顿和训练广游二支队，把直属队建设成为共产党领导的革命队伍，为珠江三角洲发展敌后抗日武装斗争打好基础。

刘向东等到广游二支队后，向吴勤传达了省委的意见。接着，广游二支队直属队成立党支部，刘向东任支部书记。刘向东与吴勤商定在番禺县沙湾附近整编广游二支队直属队，全力加强对直属队的领导。

广游二支队十分重视做群众工作，广泛深入到村庄，积极发展共产党员。由于有党的坚强领导，部队在新的条件下继续向前发展。站稳脚跟后，在若干地点设立了秘密交通联络站积极开展抗日斗争。他们在农民中建立读书会、兄弟会等群众组织，动员了一批农村青年参加了抗日游击队。广游二支队坚持抗战，纪律严明，得到人民群众的赞扬和拥护。由于广游二支队的进驻，榄核地区的抗日武装力量得以加强，革命根据地得以巩固。广游二支队是在党的正确路线和方针政策指引下发展壮大起来的。

1940年9月，为进一步加强党对广游二支队的领导，广游二支队直属队党支部书记刘向东派冯扬武、林锋、郭汉冲、马启贤、郭汉、吴声涛等分别担任第一大队副大队长、第一中队长和政训员等，对部队进行整训，以八路军、新四军为榜样，坚持党的领导，坚决执行党的政治主张和各项政策，积极做好党的组织建设和党的思想教育工作，使其成为中国共产党领导下的一支人民军队。

随着部队的发展扩大，广游二支队进一步建立和健全了各级党组织、政治机关和一整套政治工作制度：在大队、中队建立总支或支部；在大队设政治教导员，中队设政治指导员（政训员）。部队在各级党组织和政治机关领导下，积极开展政治思想工作。各级党组织十分注意在艰苦的环境和战斗中发现积极分子，通过培养和训练发展党员。部队重视发挥党支部的战斗堡垒作用和共产党员的先锋模范作用。各级领导干部做到身先士卒，处处做战士的表率。共产党员冲锋在前，退却在后，哪里有困难有危险，就奔向哪里，成为部队艰苦奋斗、遵守纪律和英勇杀敌的模范，发挥了党领导核心和战斗堡垒作用。

党组织十分重视进行经常性的政治思想教育，对指战员进行形势任务教育、爱国主义教育、革命英雄主义教育、"抗战、团结、爱民"的宗旨教育和三大纪律八项注意教育，使指战员具有高度的政治觉悟，懂得为谁当兵，为谁打仗，树立为中华民族的解放事业英勇献身的思想；敢于斗争，敢于胜利，对争取抗战胜利充满信心；关心爱护群众，保护群众利益，严格遵守铁的纪律，党指向哪里就打到哪里。

党组织还通过举办军政干部训练班对部队和地方党员干部进行军事政治教育。军政干部训练班除学习作战基本常识、游击战争的战略战术、部队管理等军事课程外，还学习党的建设、党员的先锋模范作用以及部队政治工作、群众工作的知识。罗范群在训练班上传达中共中央政治局《中共中央关于增强党性的决定》，并和学员一起讨论，要求共产党员要增强党性。他强调，部队分散在敌后独立自主地开展抗日游击战争，各自为战，在这种情况下，容易产生骄傲自满情绪和无组织无纪律状态，如不增强党性，加强纪律观念，就会把自己领导的部队、地区当成独立王国，就会妨碍敌后抗日游击战争的发展。训练班坚持理论联系实际，使学员提高了军事、政治水平，增强了部队的战斗力。

在学习班上，战士们认真学习了《中共中央关于增强党性的决定》《整顿党的作风》《反对党八股》《改造我们的学习》《反对自由主义》《论共产党员的修养》等10多份文件。战士们按照理论联系实际和"惩前毖后，治病救人"的方针，开展批评和自我批评，总结经验教训，提高政治思想水平。番禺特派员周明通过组织党员干部分批参加整风学习，各级党组织的自身思想建设得到明显加强。这次整风学习，对于加强党的建设和部队建设，起了重大的推动作用。它使部队和地方的党员干部进一步克服了主观主义、宗派主义等错误思想，提高了马克思主义理论水平，进一步加强了组织纪律性，增强了党的团结，密切了官兵关系。党员干部的精神面貌发生了深刻变化，更加增强了坚持抗战、打败日本侵略者的信心。

二、广游二支队在榄核的斗争

在党组织的统一领导下，广游二支队改编成为中共领导的人民抗日武装，积极开展珠江三角洲敌后抗日游击斗争，建立敌后根据地。面对日本侵略军着力扶植汉奸势力，汪伪各级政权先后出现，伪军、国民党顽固派互相勾结"反共反人民"的现状，抗战军民的对敌斗争形势异常复杂和困难。南番中顺各县地方党组织建立人民抗日武装，放手发动群众，武装群众，开展敌后抗日战争和建立抗日根据地、游击区。他们一是向禺南各学校进行爱国主义教育；二是积极支持当地爱国人士建立抗日武装；三是以广游二支队工作人员或教师身份，在当地建立工作点，通过培养发展青年农民积极分子入党，建立和发展党组织，动员青年参军，扩大人民抗日武装；四是在群众中办"青学会"，在学校讲形势课，向群众进行抗日救国宣传。同时，通过各种形式的统战工作，团结、争取国民党内的中间派和进步派，团结、争取开明绅士和地方实力派等，使大家共同抗日，发展壮大抗日力量。

榄核地区的抗日游击队采取分散性、地方性、群众性的形式开展敌后游击战争，不断袭击日军、伪军，扩大游击区，开辟和建立游击据点。

1942年2月28日晚上8时许，天一直下着小雨。广游二支队应榄核地方武装实力派杨忠的请求，派队驻榄核。因此，广游二支队新编一支独立第一小队直属司令部领导，由林锵云任司令员，林锵云亲自率领独立第一小队前往榄核，接受新的战斗任务。

这支小分队虽然是刚刚组建的，有30人左右，但大部分是从司令部特务小队和西海中队抽调来的，政治素质和军事素质都很过硬，是一支有战斗力的队伍。其中队长郑毅、吴照垣，还有4名战士都是摸哨锄奸、抓捕特务的能手，是夜袭敌营打头阵的主力。副队长何球是有名的机枪射手，打起枪来，像弹钢琴那样有节奏，射向敌人的子弹命中率很高。榄核自卫队队长杨忠也是号称200米以内百发百中的神枪手，他可以用布巾蒙住眼睛，进行枪械拆卸、组装表演，动作快而准。

队伍踏过西海河，经乌洲进入大洲向榄核进发。天下着小雨，逼人的寒气浸湿了身着单衣的战士，大家静悄悄地通过湿滑的乡村小道，穿行在没有灯光的简陋街道，行进艰难而迟缓。下半夜，到达大洲的南傍，在预定宿营地宿营。

第二天一大早，继续进发。下午，小分队乘6条有篷遮盖的木船从南傍出发，横过磨碟头，进入榄核河，直接驶向榄核镇。到达榄核地区以后，战士们目睹了一幕幕令人心酸的场景：生活在这里的百姓一个个骨瘦如柴，大年三十冷锅冷灶，愁容满面，这一切都是恶霸、汉奸和日军、伪军的剥削、压迫所致。榄核群众看到新来的小分队与众不同，是全身农民打扮，和群众打成一片的，惊喜不已，接触几天后，知道是专门来帮助百姓抗击日本侵略军、汉奸的，就与战士们亲得像一家人。

1942年夏，何球任小队长。杨忠积极支持广游二支队发展武装。夏收时，进驻榄核小队的驻地已从原有的大生涌、八沙两地扩展到张松、涩湄、利丰围、沙头涌，可以活动到子沙、牛角沙、新地、辰生围等地。部队也从1942年2月的30人左右到年底扩大至 150 多人，成立了榄核中队。冯扬武任中队长，何球任副中队长，马奔任指导员。部队进驻榄核后，抓紧进行军政训练。榄核地区成为中共领导的番禺沙田地区的抗日基地。

1943 年春，榄核中队派黄友涯、马奔动员杨忠先后把机枪 1 挺、步枪 20 多支借给部队，又通过他的关系向冯波等统战对象借了 1 挺机枪和 10 支步枪；还通过接管湴湄、利丰围、张松、合生围等地乡公所，把枪支 30 多支接收过来。这样全中队的指战员都配上了枪支弹药，使中队成为颇具规模的战斗连队。同时，广游二支队又通过杨忠认识了顺德八区麦村的麦炳，派陈立光、丁八（丁日礼）带一个武装小队进驻麦村，在麦村建立了据点，边在农场耕种边训练队伍和维护社会治安。又对灵山（隶属番禺县）的冯波、三善的黎钜、大洲的周锡等，开展了新地区的统战工作。榄核八沙及其附近地区抗日武装斗争的开展，对广游二支队的活动和保护顺德至中山的交通线等，起了重要作用。

在党的领导下，榄核革命根据地的建立，对党组织群众、联络各方力量、坚持抗战发挥了积极作用。广游二支队展开了一场又一场战斗，且取得了一个又一个胜利。

西海大捷　1941 年 10 月 5 日，日本侵略军一个营的兵力，从榄核一路直奔顺德，对广游二支队驻地西海进行试探性进攻，广游二支队率一部在西海大桥附近设伏。敌军进入伏击圈后，双方经过激烈战斗，广游二支队最终成功击败敌人的进攻。10 月 17 日早晨 6 时许，伪军第二十师副师长李辅群率伪军 2000 余人再次进攻西海。经过近 10 小时的战斗，广游二支队歼灭敌伪军 200 多人，缴获步枪 400 多支、机枪 5 挺、短枪 50 多支、子弹 1 万多发。后来很多人都认为，“西海大捷”的第一枪，是在榄核打响的。

迂回斗争，壮大革命部队　广游二支队的小分队到榄核八沙的第一个年头，在隐蔽中逐步壮大，活动范围也逐步扩大。除非是局部必要的敌对行动，该小分队没有在榄核大张旗鼓地同敌伪明枪明刀地厮杀，而是经过"前进—后退—再前进"的迂回斗争方式，扎扎实实地做发动群众的统战工作，对群众、开明士绅、友善的统战对象讲抗战、爱国的道理，宣传中国共产党领导下的八路军、新四军在各个抗日根据地所取得的节节胜利的形势，揭露日军、伪军、国民党顽固派的各种阴谋诡计，探讨保乡护民的措施。经过长时间的接触，广大群众知道广州游击区二支队是真心实意为民族解放着想，是真正保家卫国、保境安民的。

在参加周边地区的战斗中，战士们经过实战锻炼和革命道理的教育后，懂得为谁当"兵"、为谁扛枪、为谁战斗的革命道理，战斗技能得到强化，思想觉悟迅速提高。

1943年12月，随着斗争形势的转变，当初那支仅有30来人的小分队，加上杨忠农民自卫队常备人员50多人，榄核抗战队伍已经发展壮大到300多人，经过广游二支队司令部批准，合编成榄核独立中队。中共广东省委候补委员、广州市委书记罗范群亲自来到榄核，宣布成立广州游击区二支队榄核独立中队，任命何球为中队长，马奔为政治指导员。

活捉"八老虎"，夜袭新造 在广州市南郊沥滘地区，曾驻扎着一个伪联防队和一个日军中队。伪联防队人数300余人，有轻机枪5挺，长短枪300多支，由卫金允等同父异母的十兄弟掌控，平日仗着日军撑腰和手里的武装，横行乡里，勾结日本的警备队长吉田少佐，助纣为虐，做尽坏事。这就是横行番禺、臭名昭著的"十老虎"。

1944年清明时节，广游二支队榄核独立中队组织精干力量，战士们扮作扫墓人员，乘"十老虎"祭祖扫墓的机会伏击他们，当场活捉了在场的周洪等"八老虎"及其家属。这次被抓的"八老虎"是"十老虎"中的八个。押回榄核独立中队队部后,"八老虎"被公审处决,其家属被释放。这次抓捕行动,不但震慑了禺南的反动势力,也鼓舞了民众的抗战士气。

1944年6月,伏击活捉汉奸爪牙"八老虎"的行动结束后,榄核独立中队由何球率领回到禺南,参加夜袭新造的战斗。新造是禺南重镇,沦陷前是番禺县政府所在地,沦陷后是伪番禺县第二区区署所在地。这次战斗由于准备充分,战士英勇,仅2个小时就结束了战斗,全歼守敌200多人,活捉汉奸区长冼尧甫,缴获轻机枪3挺,长短枪200余支和大批军用物资。后汉奸区长冼尧甫经公审处决。其他参战部队和榄核独立中队紧密配合,以个别人受轻伤、无一人牺牲,取得新造战斗的胜利。

打击汉奸、伪军嚣张气焰 号称"市桥皇帝"的李辅群,是番禺当地人,是"广东堂"沙匪集团匪首之一,横行市井乡里,欺压良善百姓。他先钻营苟合国民党地方反动势力,后公开投向日军,先后任汪精卫伪国民政府"陆军第四路军司令"、日伪第二十师少将副师长兼旅长等职,依靠日本侵略军的淫威加速控制了包括榄核在内的番禺所有沙田地区,是臭名昭著的汉奸。

日本侵略军占领广州期间,国民党的残兵败将挂着第七战区游击队的名义,出来抢掠民众,敲诈勒索。许多散兵游勇,还有吊脚土匪和落脚土匪,成立"堂口",勒收"行水"(过往船只的买路钱)、"保护费"(陆路行人的买路钱)、"禾票"(按田亩收的规费)。土匪、恶霸、地主、汉奸四位一体,其中大汉奸李辅群便是珠江三角洲最大的反动势力代表,使人民生活陷于水深火热之中。

榄核土匪四处蜂起,从板沙尾到第五涌,从裕德围到裕安围,一直到顺德县城大良的北门,都是土匪"五龙堂"的地盘。榄核的群众为了保乡保家,又自发组织自卫队。一次,土匪成帮结伙从第五涌、灵山向榄核大生涌方向一路洗劫，袭扰乡民，榄核自卫队联合乡亲将其打退了，把土匪赶出鳌沙和张松，并乘胜追击，一路追过榄核河，把土匪追到裕安围。

汉奸李辅群横行乡里，坑蒙拐骗样样精通，走私贩毒无所不为，被日本占领军提拔为伪少将副师长。此后，李辅群更加肆无忌惮地倚仗日军势力欺压百姓。

当时，盘踞在广州的敌伪扩大了在珠江三角洲的占领区，在禺南又纠集大批土匪、流氓，组建伪第三路军和伪第四路军危害乡里，伪军所到之处，不仅鸡犬不宁，而且掠夺不到就执行杀光、烧光、抢光的"三光"政策，做尽坏事。他们一方面对暂不投降的国民党地方团队实行软硬兼施的拉拢或打压，使用武力封锁沦陷区与非沦陷区的水陆交通，逼其就范；另一方面对共产党领导的游击队采取坚决歼灭的政策。同时，实施大规模搜刮、掠夺黄金、白银，对沙田地区盛产的米粮，实行垄断交易，仅李辅群一人就垄断了顺德、番禺的所有粮食加工厂。

李辅群一直没有放弃对榄核的控制，曾多次对榄核抗日力量杨忠进行诱降，但一次次地遭到杨忠的拒绝。

有一次，伪军纠集打手在牛角沙制造事端，后又在涩湄攻打抗粮的群众。群众忍无可忍，操起锄头、扁担，还有蚕桑区特有的桑权，和伪军对抗起来。

广游二支队榄核独立中队马奔率领的小分队和杨忠的自卫队闻讯后，立即分别从沙头涌和大王头两地南北夹攻在涩湄的黄志达伪军。不少百姓深受鼓舞，也自动加入反攻队伍，参战队伍像滚雪球般越滚越大，杀声震野。很快，两股伪军都做了俘虏。群众拿着从黄志达所部伪军手上缴获的枪支弹药，配合战士们追击集结在涩湄的伪军。由于队伍人员众多，气势高涨，敌人不敢应战，撤回到李辅群的一家糖厂内负隅顽抗。入夜，黄志达乘夜色掩护，狼狈溃退到市桥。

榄核军民的胜利，令李辅群等匪徒更加痛恨杨忠，视其为眼中钉、肉中刺，认为既然你不为我所用，那就坚决斩除。于是，李辅群加紧部署，让早就物色好的地头蛇在榄核粉墨登场，委任周洪（沙头涌人）和陈福庆（合生围人）为榄核乡的伪正、副乡长，让其纠合土匪、地痞、流氓和国民党反共分子，寻找一切机会骚扰小分队，寻找机会对杨忠下手。但是碍于榄核高涨的抗日斗争形势，小分队不断壮大，敌人也不敢轻易冒犯。

投入市桥战斗，端掉大汉奸老窝 市桥是禺南第一大乡镇，位于大谷围南端，旁倚珠江支流，与大沙田区相连，水陆交通畅旺，是珠江三角洲大沙田地区的稻米集散地。市桥沦陷后，敌伪把市桥作为战略要地广州市南线的基地。敌伪还利用市桥这个稻米集散地，大量搜刮民财，统制粮食，实现其"以战养战"政策，成为汪伪政权的一个重要基地。进攻市桥，榄核独立中队的战斗任务也将更为艰巨。

1943年春，先遣部队多次进入市桥侦察，对日本侵略军在市桥的兵力部署、工事构筑、火力配备、道路交通等情况作了深入详细的侦察。部队分左右两翼向市桥行进。左翼由何达生（冯光）带领进入市桥，首先控制大北路，消灭大北路口祠堂的伪军；又进入大北路与东涌路交界的十字路口，以2挺机枪的火力压制驻东涌路黎家祠的日军。右翼由郑少康指挥，由市桥后底涌过河进入市桥，即兵分三路：一路由陈胜率领进攻驻何家祠、谢家祠的伪护沙大队和伪警察分局；一路由卢德耀、黄江平（黄平）率领，向市桥纵深进击，威慑大汉奸李辅群的巢穴群园；一路由梁国僚率领进攻驻三堂西坊的韩锡忠伪联防大队。另外还部署了兵力警戒新造、南村方向，以防止日军、伪军增援。禺南各乡民兵300多人配合部队作战。

由于连续几天下雨，到处积水，走起路来水声响动，右翼部队放慢行进速度涉过后底涌，迅速接近何家祠。突击队迅速摸到何家祠，向龟缩在何家祠的伪护沙总队开火。

伪军顿时惊慌失措，个个仓皇逃命。攻破何家祠伪军哨卡后，部队即按计划先后歼灭谢家祠的伪军中队、韩锡忠的伪联防大队，并进攻市桥伪警察分局。激烈的战斗后部队俘虏了一部分伪军，缴获了一批弹药和物资，右翼部队继续向市桥纵深进击。

而左翼部队早已埋伏在进入市桥大北路的公路旁的敌军炮楼防区。市桥西北方向的枪声打响后，火力队向市桥大北路炮楼猛烈袭击，一举歼灭了该驻地伪军，何达生率队直插市桥，在大北路、东涌路的十字路口占据阵地，部署火力，封锁驻黎家祠日军的通道和路口。一股日本侵略军企图从祠堂冲出来，被何达生的机枪一阵扫射，日军只能龟缩回营房。

卢德耀、黄江平带领的部队，沿着长街直逼李辅群巢穴群园。进攻何家祠的一部则直奔戏院，到达群园附近，配合黄江平、卢德耀带领的一部夹击李辅群的大本营。伪军在长街上设置了多处更楼、过街门楼，以封锁部队的去路。部队对其一个个展开攻击。李辅群见形势不妙，在群园带着卫队，爬上汽船仓皇逃跑。

经过了3个多小时的战斗，部队计划攻击的目标全部实现：计攻破伪护沙总队第二、三、七、九中队和伪区公所、伪联防总队、伪联防大队等8个单位，俘伪军100多人，击溃了大部分伪军，缴获步枪190多支，子弹万余发，军用物资一批。所获俘虏经教育后遣散。在此次战斗中，人民抗日武装战士牺牲1人、伤7人。进攻市桥的胜利，大大鼓舞了部队的斗志，增强了人民群众对抗战必胜的信心。

巩固榄核水上交通线，歼灭日军、伪军　市桥战斗结束后，榄核独立中队回到榄核作短暂休整。紧接着，又和西海抗日部队合编成立顺德大队，不断巩固和扩大中山、番禺、顺德的抗日成果。

榄核独立中队在主要活动地榄核，为扩大榄核河旧寨的回旋地带，巩固榄核到中山的水路交通线，开辟了中山大岗外围的第五涌，先后惩罚驻防顽军，炸毁新涌口、鸡姆涌2座炮楼，缴获轻机枪1挺，步枪10余支，悉数歼灭守卫伪军。部队的打击行动，震慑了敌伪势力。

榄核有各方杂处，不仅有伪军长驻，伪乡公所还有乡丁六七十人，而且还有国民党叶肇的队伍也长期驻扎在那里，日本侵略军和林小亚的伪军也是不定时地袭扰。尽管榄核有群众基础，但对比之武装实力悬殊。

榄核独立中队保卫驻扎在榄核的抗日武装南番中顺指挥部，在很大程度上，是在保障西海抗日根据地与五桂山抗日根据地的交通联络。榄核是中国共产党在珠三角地区领导建立的面积较大、基础非常扎实的敌后抗日根据地。共产党在此建立隐蔽据点，扩大西海的回旋区域，有力地配合西海部队的公井对敌斗争，使西海不致成为珠江三角洲敌后的"孤岛"。

广游二支队指挥部自1942年11月由西海转移到榄核利丰围指挥各地的斗争，直至1943年10月转移到中山五桂山，在这段特殊的战斗时期，由于有杨忠掩护，指挥部均能够顺利开展工作，组织战斗。

1943年秋，汉奸李辅群、黄志达到榄核"拍围"霸耕，榄核独立中队在群众的帮助下，成功粉碎伪军的"围剿"。马奔、杨忠经研究决定组织积极分子马金泉、陈坤、马润、杨根、梁刚等，分头发动群众，坚决反对霸耕。牛角沙农民打响了第一炮，他们拔掉伪军打下的木桩。接着植龙围的农民起来响应。这时在附近的伪军气势汹汹，动手打人。群众马上打起锣，吹起号角，大生涌、沙头涌、合生围的农民从四面八方直插涩湄,包围了伪军。伪军见势不利,便垂头丧气地全部撤回甘岗糖厂。榄核独立中队带领抗日军民先拿起武器和锄头反"拍围",取得了霸耕斗争的胜利,给榄核人民极大鼓舞,提高了抗战信心。从此,他们更加信任并逐步靠近了广游二支队。

1944年7月,广游二支队禺南大队更改番号为广游二支队新编第二大队。大队有近300人,大队长卫国尧,政治委员郑少康,副大队长卢德耀,副政治委员兼政训室主任李海,政训室副主任李冲,组织干事王平,统战干事黄杰,妇女干事梁绮卿、梁铁(后来任);军政干部有何达生、吕珠、陈克、蔡尧、梁明、何洪、苏少伟、陈少东、黄石。下设三个中队。

7月7日,广游二支队新编第二大队大队长卫国尧、政治委员郑少康,召集部队在禺南召开有2000余人参加的军民大会。大队抓住战机,连续袭击伪军。同时,利用战斗间隙以小中队为单位进行军政训练,开展建党工作,着力提高部队军事、政治素质。翌日深夜,敌伪在磨碟头到张松的河面布防,封锁了榄核河。9日清晨,驻灵山的伪军开始向榄核进攻。从大生涌登岸,向榄核独立中队防地进逼。由于敌强我弱,榄核又是河网交错的沙田地区,榄核独立中队主动撤向利本围蔗林地,继续与敌对峙。中队在利本围河岸下伏击,敌人在堤上一露面,便被打下去。10日,驻甘岗之敌绕道从水路进攻榄核,而此时榄核独立中队已转移至外围与敌周旋,袭击敌人,之后又安全转移到顺德的大洲、南傍地区,仅留下一个工作组在榄核地区坚持战斗。

李辅群的"围剿"计划再告破产,他只好把伪军撤走,留下部分兵力驻扎榄核,派肖卓伪护沙大队一个中队驻在涩湄,企图控制榄核地区。

7月24日,新编第二大队决定第二次攻打市桥。大部队调集了驻各地部队共 250 多人。部队出发时，恰遇台风，大雨倾盆，洪水淹没了道路，队伍无法通行。大队领导当即改变计划，将部队撤回植地庄掩蔽，伺机行动。不料，他们的行动被日军密侦组长王钜秋（花名"大客女"）的老婆何志英侦悉，王即报驻市桥日军特务机关。特务机关又立即向驻广州的日军司令部报告。7 月 26 日，驻广州市郊石榴岗日本侵略军 500 多人，由指挥官吉田率领，乘夜奔袭，并首先占据植地庄村后高地。拂晓前，植地庄外围的几个重要高地全被日军占领。在这紧急关头，大队领导立即组织突围，命副大队长卢德耀率领一个机枪班抢占村后松岗高地，掩护部队撤退。中队长何达生率领其中队部分兵力坚守植地庄，吸引日军注意力，掩护部队分头突围。

卫国尧、郑少康、李海、黄江平率队突围途中，与日军展开战斗。黄江平带领部分非战斗人员冲向村后长岗岭，拟抢占高地。共产党员梁绮卿、黄纪合、梁铁、卫雪卿和陈汉仔等十五六人跟着冲锋。当他们冲上半山坡，日军已占领长岗岭制高点，以密集的机枪火力向他们扫射。梁绮卿、陈汉仔中弹负伤，他们用手擦去鲜血又继续向前冲。黄纪合中弹负伤倒下，卫雪卿上前挽扶也负了伤，她们互相支撑着，顽强地向前冲。黄江平、梁绮卿、梁铁等冲到一个墓穴里，那里离敌人不到 30 米，敌人冲下来，黄江平提枪射击，3 颗子弹击毙了 2 名日军。敌人向他们疯狂扫射。最后除梁铁身负重伤外，其他同志全部壮烈牺牲。

战斗从清晨一直持续到下午 4 时许，日本侵略军 500 多人轮番发起五次进攻，始终不能攻占植地庄，只得撤退。

8 月 2 日，陈胜、何球、马奔带领两个中队，夜袭驻榄核涤湄伪军邓少侠中队。战斗仅进行半小时即胜利结束，全歼伪护沙中队，俘虏 38 人，缴获轻机枪 2 挺，步枪 30 多支，子弹 1000 余发。俘虏经教育后全部释放。涤湄驻敌被消灭后，驻榄核的敌人也人人自危,被迫撤出榄核。

1944年9月一天晚上,为了进一步打击伪军,坚定榄核八沙农民的抗战信心,何球率领一支小队夜袭榄核新涌口伪军。夜深人静,趁伪军熟睡之机,小队爆破人员摸至碉楼前,迅速装好炸药,放在碉楼铁门旁,随即点火,碉楼被夷为平地。此战小队缴获1挺机枪、数支步枪和若干发子弹,胜利归去。经过一系列的战斗,番顺地区的抗日局面得到很好的发展。

1945年1月底,马奔、何球率一个中队,夜袭大坳沙伪军李福的兵工厂,缴获轻机枪7挺(有的缺零件)、长短枪20多支,并烧毁了兵工厂。

1945年2月23日,广游二支队新编第二大队副队长戴耀率队夜袭驻石壁乡的伪广东省绥靖公署军垦大队第三中队,俘伪军60多人,缴获短枪1支。石壁战斗后,珠江纵队第二支队领导郑少康、陈庆南在大石会江村把石壁的伪乡长区忠宪及伪联防队队长等10多人扣押,缴获轻机枪3挺、步枪60支、短枪18支、4000多发子弹及大批物资,稻谷3000多公斤。

捷报频传,士气昂扬。广游二支队新编第二大队利用战斗间隙,经常组织战士们开展军政训练和建党工作。谢立全、严尚民、郑少康时常开会研究形势和讨论如何开展武装斗争,如何更有效地指挥番禺和顺德的抗日游击战。

第四节

珠江纵队在榄核地区的战斗

1945 年初，广游二支队改编为珠江纵队，纵队领导成员有：司令员林锵云，政治委员罗范群，副司令员谢立全，参谋长谢斌，政治部主任刘田夫，副主任刘向东。纵队下辖第一和第二支队、挺进粤中主力大队、中山八区抗日游击大队、新鹤大队、南三大队和雄狮中队等，共 2700 余人。第二支队（对外未公开，仍用原番号）下辖番禺大队、顺德大队，共 700 余人。支队长郑少康、政治委员刘向东（兼），副政治委员邝明，政治处主任黄友涯。

1945 年 1 月 15 日，广东人民抗日游击队珠江纵队在中山五桂山区公开发布《广东人民抗日游击队珠江纵队成立宣言》（简称《宣言》），《宣言》庄严宣告"珠江纵队，是珠江三角洲人民的子弟兵"，指出："今天我们在中国共产党的领导下，坚持抗日民族统一战线，坚持实行革命的三民主义，我们坚持与各界同胞，不分党派、阶级、思想、信仰，密切团结，为彻底解放中华民族而奋斗到底。"①

《宣言》号召："我们三角洲军民必须千百倍团结起来，组织起来，武装起来，坚持保卫三角洲敌后抗日基地与扩大广东的抗日民主基地，争取时间，准备力量，把日本帝国主义赶出国土，

---

① 广东省委党史研究室编：《珠江纵队史料》，（内部资料）1990 年版，第 1—7 页。

建立独立自由幸福的新中国、新广东。"①

同日，还发布了《广东人民抗日游击队珠江纵队司令部布告》（简称《布告》），《布告》指出："本纵队乃南三番中顺各县子弟兵"，"我全体官兵为继未竟之功，期作更有效之奋斗，是以接受中国共产党之领导，在统一指挥下，集中力量成立广东人民抗日游击队珠江纵队，使本区人民获得一团结核心，增强抗战胜利信念，共同努力，期抗战大业早日完成"。②

珠江纵队下辖第一、第二支队、独立第三大队。珠江纵队司令部设在中山五桂山区槟榔山村。珠江纵队成立时，第二支队在禺南大谷围里仁洞举行庆祝珠江纵队暨第二支队成立大会。出席第二支队成立大会的有部队代表和番禺、顺德部分乡村代表300多人，政治委员刘向东作形势任务和珠江纵队成立意义的讲话，支队长郑少康致辞。会上鸣放鞭炮，气氛隆重热烈。第二支队下辖两个大队：番禺大队，大队长戴耀，教导员吴声涛，副大队长梁国僚，原各中队编制和军政负责人没有变动；顺德大队，大队长陈胜，教导员马奔，副大队长何球，组织员陈奇略，原各中队、独立小队编制和军政负责人没有变动。这时两个大队各已发展到350余人，共700余人，武器装备齐全，除长短枪外，各中队均有两三挺机枪。此外，支队成立了政治工作队，共有40多人，队长梁铁，指导员卫民。

珠江纵队成立后，第二支队在纵队党委领导下，组织干部学习《一九四五年的任务》《中共广东省委对时局紧急宣言》《广东

---

① 广东省委党史研究室编：《珠江纵队史料》，（内部资料）1990年版，第1—7页。

② 广东省委党史研究室编：《珠江纵队史料》，（内部资料）1990年版，第26—27页。

人民抗日游击队珠江纵队成立宣言》等文件，分析全国、全省抗战的形势，明确珠江纵队的任务，提高部队的思想政治水平，加强部队建设，迎接新的战斗任务。同时，学习珠江纵队政治部发出的《政策问题学习提纲》和《关于中国共产党在珠江三角洲敌后前线地区实施各项政策问题》，制定了《拥政爱民公约》，教育部队加强军政团结和军民团结。

这是随着抗日斗争形势变化作出的决定。珠江纵队继续领导更大范围的抗日武装斗争。为巩固抗战成果，珠江三角洲地区广大军民纷纷要求建立以抗日民族统一战线为基础的民主政权，以进一步加强抗日力量，彻底打败日本侵略者。番顺行政督导处随之成立后，西海、榄核等地也都成立了相关组织，为夺取抗日战争的最后胜利做准备。

而此时日本侵略军仍作垂死挣扎，表现得异常猖獗。坚持在禺南地区敌后斗争的珠江纵队一部，依靠群众和上层统战对象的掩护、支持得以生存。

榄核，成为广州游击区无比坚强的堡垒之一，榄核独立中队也成为广州游击区内，令敌伪头疼和胆寒的斗争力量。在珠江敌后抗战最为艰苦的时期，在西海抗日部队被迫转移撤退的艰难时刻，榄核独立中队仍然在榄核八沙，以及周边地区坚持斗争，获得隐蔽发展，迷惑敌人。为了减少阻力及早日夺取胜利，而到了必要的时候，抗日武装斗争从幕后走到前台成为必然。

珠江纵队在榄核地区的战斗意义，就是在党的领导下，坚持斗争，巩固扩大抗日成果。除了和敌人突然相遇、短兵相接，必须给来犯之敌以坚决还击外，一切军事行动，包括锄奸，都必须事先向司令部报告，再按命令执行。并且明确规定汇报的时间，每五天向司令部作一次汇报。遇重要敌情，须派专人报告。在独立执行任务时，要发挥党支部的团结堡垒作用，经常分析敌友我情况，团结全支部、全队同志，依靠和团结广大人民。一方面，要把榄核的水陆交通要道，包括敌军驻地的炮楼（碉堡）控制起来，夺取过来；另一方面，从榄核到大良（顺德县城）、大岗（中山）的交通线要打通，保证在紧急情况下，队伍可以完全行动。榄核地方不但政治斗争尖锐，社会环境也很复杂。当时榄核是个嫖、赌、饮、荡、吹样样齐全的花花世界，诱惑很大，在这样的地方战斗，要圆满地完成党的任务，夺取胜利，不但要经历真枪实弹的拼杀，还要经得起考验，做到"富贵不淫，贫贱不移，女色不惑"。

广东人民抗日军参谋长谢立全来到榄核，立即部署扩大广东中部抗日战果、在南番顺边区组织几次大战斗的计划，以迅速打开抗日局面，跟上全省、全国的胜利步伐。

当时，国民党顽固派与伪军、汉奸和反动地主恶霸，仍然在加紧勾结，反共逆流愈演愈烈。面对严峻的形势，珠江纵队决定在政治上、军事上向国民党顽固派展开攻势。

珠江纵队兵分两路，一路由林锵云、谢斌率领，另一路由谢立全率领。两路部队迅速通过桑基菜地乘夜摸黑到顽固派军队驻地突然袭击，全歼一座祠堂内之顽固派军队，另一座祠堂的顽固派军队闻枪声溃逃，最终部队只缴获少量武器。接着，部队又向各炮楼逐个发动攻击，战斗一直持续到次日下午，这次战斗共缴获机枪2挺、步枪100余支。

1945年春，珠江纵队根据珠江三角洲地区的实际情况制定了《当前各种具体政策方针》，其中对减租减息问题指出：应在政治上正确领导与掌握这一运动，对农民一定要发展其斗争热潮，不要使之变成给农民以恩惠；提出既要实行减租减息，以减轻地主对农民的封建剥削，改善农民生活，保障农民人权、政权和财权，以利团结组织广大农民的革命力量；又要实行交租交息，保障地主、富农的人权、政权和财权，以争取其一部分要求抗日与赞成民主革命的地主和士绅。

但是，国民党番禺县县长黄兰友不顾人民抗日的需要，竟于1944年9月发出布告，向禺南民众追收三年的地税，引起广大民众极大不满。各乡代表何福海、李公侠、李荣、朱子吉等73人联名发出快邮代电，向国民党广东当局呼吁，要求黄兰友收回成命。电文称："禺南人民多年来惨受日伪盘剥，未闻政府对日伪有何制裁。今县座幸临，竟下追收三年地税之令，试问奄奄待毙之禺南人民，如何能再加此负担？"① 以此反对黄兰友征收三年地税。

禺南乡政建设委员会遵照中共上级组织关于独立自主地征收抗日捐税的指示，在禺南、顺德征收抗战公粮；在交通要道设立税站，征收来往货物税，并保证客商来往安全。

为加强财政工作，1944年10月，在禺南成立税收征收处，主任余民生，副主任何洪，成员卫民。征收处统一委托各乡村的民主政权向各乡征收抗战公粮。征收政策规定，在部队控制区，按农民耕种所得，除父租外，每人每年留口粮300公斤，多余部分每50公斤征5公斤；没有余粮的免征收；鳏、寡、孤、独者一律免征收；失收或被敌人破坏的乡村，全部免征或减征。地主按收到的地租，每人每年同样留口粮300公斤，多余部分征收50%；公尝按50%征收。在游击区按亩征收，每亩每造征收稻谷7.5公斤，由地主与佃农各负担一半。敌占区也按亩征收，每亩每造征收稻谷15公斤，按一个村的田亩总数计算，由该村村长负责缴交，缴交实物或粮食款。

同时，征收处宣布，征收抗日公粮后，除民主政权加收低额

---

① 番禺市地方志编纂委员会编：《番禺县志》，广东人民出版社1995年版，第522页。

行政费之外，废除伪政权的一切税捐和其他的一切苛捐杂税。除征收抗日公粮之外，征收处还设立了大石税站，征收低税率货物税。征收处发回税单，以作保护的证明。这一系列的抗征战斗，人民群众都非常欢迎。

1944年11月，禺南乡政建设委员会与广游二支队新编第二大队联合发出《禺南各乡改善投田减租办法》，规定各乡投田一律收谷租，投田租额不得超过田产一半；已够田者不得再投田，使交租交息与减息兼顾主佃双方利益。这些政策得到根据地、游击区广大农民和各界人士的拥护。

1945年春，番顺行政督导处根据珠江纵队政治部制定的《当前各种具体政策方针》，明确提出实行减租减息政策，在禺南和顺德进行了广泛的宣传发动。后因日军、伪军和国民党顽固派军队大举"扫荡"而未能深入开展，但在部分地区仍坚持减租减息，并向所在地民主政权机关或部队缴交抗战军粮。

1945年2月，日本侵略军打通粤汉、湘桂铁路线。侵华日军总司令冈村在广州召开"绥靖会议"，策划对中山、番禺、顺德等县的抗日武装进行大"扫荡"。这时，纵队参谋长谢斌在东江接受了东江军政委员会的命令，由珠江纵队派主力一部挺进西江，参加创建五岭战略根据地。随后，纵队司令部在中山五桂山开会，研究贯彻上级命令的有关问题，决定派第二支队大部分战士挺进西江地区。3月，谢斌到禺南会同刘向东等，召开第二支队领导和部分大队干部会议，讨论研究第二支队挺进西江事宜。

恰在这时，部队获悉日军、伪军勾结国民党顽固派军队，要对番禺、顺德军民进行大"扫荡"的情报。谢斌、刘向东和第二支队领导，针对伪军及国民党顽固派军队即将大"扫荡"和部队即将挺进西江的特殊情况，决定采取"敌进我退，敌驻我扰，能打则打，不能打就走"的作战方针，以分散的战斗小分队节节阻击，在消耗敌人部分有生力量后，适时将部队撤离转移，摆脱敌人。

1945年3月15日，广东省番顺行政督导处在禺南诜墩成立。这是抗日民主政权建设督导机构。面对日伪"清乡""扫荡"，番顺行政督导处发布紧急命令，命令各乡民众抗日自卫队、后备队紧急行动起来，抵抗日伪"扫荡"，组织联防队、担架队、救护队等，粉碎敌人的进攻。在南线，面对敌人的进攻，尤其是国民党特务匪帮时常进犯驻地附近的乡村，部队与民兵机动灵活，同敌人进行周旋战。3月下旬至4月下旬，邝明、黄友涯、徐云、李冲、吴声涛、戴耀、何球率150多人，在番禺、顺德敌后坚持斗争。部队人数的减少和活动地区大为缩小，使各种困难增加。日本侵略军频频搜索、跟踪、追击，部队所处环境十分恶劣。5月，戴耀带领的部队及梁奋、萧培带领的番顺行政督导处的基干队共100多人，集中在禺南。何球、冯来带领的部队活动在番禺的蔗林地带。两支队伍昼伏夜出，来往于群众基础好的乡村，坚持进行军事、政治训练，加强对群众的宣传教育工作，并伺机打有把握之仗。

坚持在禺南地区作敌后斗争的第二支队一部，依靠群众和上层统战对象的掩护和支持生存下来。那时部队在番禺、顺德交界的谦益围、六耕围等地开辟了新的活动据点。

1945年7月的一天，番禺大队队长戴耀等接到内线情报，得悉有一队不足一个连的伪武警队当天要出动搜刮民众。戴耀即带领一个中队，连同梁奋、萧培带领的基干队，赶到伪军必经之路，在路两旁埋伏。中午时分，当伪军进伏击圈时，突击组向伪军冲击，几分钟内将其全歼，俘伪武警队队长莫桂达、伍绍元和伪警70多人，缴获长短枪70多支。

禺南地处广州城市边缘，敌伪力量较强。面对这种不利的形势，第二支队在番禺、顺德的部队改变策略，把部分人员安排到地方当教师坚持工作，疏散了有条件回家隐蔽的非战斗人员，留下精干战斗人员50人左右，把机枪、步枪掩藏起来。战斗人员全部佩带短枪和手榴弹，化装成老百姓，分成几个武工队分开活动。黄友涯带着巢键、梁铁、卢木带、吴兆等机关工作人员，日伏夜出指挥各个武工队。这一策略的改变，使部队活动方便，适应环境，有利于生存和发展。

在日本侵略军和伪军、国民党顽固派军队频频搜索追踪的形势下，群众仍热情支援第二支队。榄核等村庄的群众冒着危险，将疏散的指战员秘密分散在炮楼、祠堂、作坊驻扎，并从各户筹集粮食为指战员做饭，派出村民放暗哨。或腾出家居阁楼给部队秘密来往人员住宿，或为部队采购物品，探听消息。

1945年7月，珠江纵队二支队大部队挺进西江，参加创建五岭战略根据地，仅剩小部分武装在番禺地区坚持抗日游击战。其间，抗战的形势发生了有利于中国人民的急剧变化。7月26日，中、美、英三国发表《波茨坦公告》，迫令日本无条件投降。8月6日和9日，美国先后在日本的广岛和长崎各投放了一枚原子弹。8月8日，苏联对日本宣战。8月9日，毛泽东发表《对日寇的最后一战》，指出对日战争正处在最后阶段。8月10日，日本政府向同盟国发出投降照会。8月15日，日本宣布无条件投降。中国人民浴血奋战，终于取得了抗日战争的完全胜利。

日本投降后，汉奸李辅群被逮捕，关押于广州肃奸委员会内。李辅群在番禺沦陷期间，利用手中权力，在禺南设兵工厂，制造枪弹武器；秘密建造币厂，大量印制面额100元、500元的假储备券，还大办钱庄，操纵金融。此外，凭借势力，霸耕夺佃，先后强占民田6万多亩。据不完全统计，李辅群先后在番禺杀害而有姓名可查的人中，有游击队员100多名，群众340名。

1945 年 8 月 15 日，中国解放区抗日军总司令朱德命令在南京的日本侵华军总司令官冈村宁次："在广东的日军，应由你指定在广州的代表，至华南抗日纵队东莞地区，接受曾生将军的命令。""所有在华北、华东、华中及华南之日军（被国民党军队包围之日军除外），应暂时保存一切武器、资材，静候我军受降，不得接受八路军、新四军及华南抗日纵队以外之命令。"① 在此前后，中共中央南方局多次向中共广东区党委发出指示：日本帝国主义已经投降，抗日战争即将全面胜利，各级党组织要迅速做好动员工作和组织工作，扩大武装队伍，解放中小城市，建立革命政权，接受日本侵略军投降。

广东各抗日纵队坚决执行朱德总司令的命令，集中主力，动员民兵，向日军、伪军进行全面反攻，切断其交通，包围敌人的据点，解除日本侵略军、伪军的武装和收缴其物资。

1945 年 8 月 19 日，中共广东区党委召开会议，布置接受日军、伪军投降的各项有关工作。21 日，区党委根据中共中央的指示，对各区划分、工作任务、干部配备等作了调整，以适应新形势发展的需要。中共广东区党委决定，南番顺党组织划归广州市委领导。随后，区党委全体领导干部出发至各地，全力指导受降工作及其他重要工作。

---

① 《中国解放区抗日军朱总司令命令冈村宁次投降》（1945 年 8 月 15 日），载自魏宏运主编、郭彬蔚副主编：《中国现代史资料选编（5）·第三次国内革命战争时期》，黑龙江人民出版社 1981 年版，第 5 页。

4

第四章

雄鸡报晓　喜迎解放

第一节 保存革命力量，壮大人民武装斗争

1945 年 9 月，中共广东区党委任命周锦照为中共番禺县特派员，隶属广州市临工委。周锦照履职后，对当地党员加强思想教育、前途教育和形势教育，稳定其思想，坚持斗争。原珠江纵队第二支队主力转移后，周锦照将留在禺南掩蔽的谭卓然、卢虾、苏文哲、冯世盛、黄标、黎波等七八名珠纵党员，移交给在丹山以教师身份作掩护的地下党负责人郑乃行安置和联系。

珠江纵队第二支队留守在番禺的武装人员共 40 人左右，为了避免敌人的打击，在黄友涯、吴声涛等领导下，分成几个武装工作小分队，使用轻武器分散在禺南各地活动。1945 年初从东江纵队调到珠江纵队第二支队的梁陈华被安排回到家乡土华村，并被选任为土华小学校长。他以学校为据点，先后以聘请老师的名义，安排一批同志以老师的身份掩蔽在学校开展工作，建立党支部。

陈翔南代表中共广州市工委在禺南接收了珠纵二支队留守部队的党组织关系。随后，原珠江纵队第二支队政治处主任黄友涯调离番禺工作。1945 年底，禺南特派员周锦照联系从曲江转移回市桥的中共党员李炳文（李一民）参加党的工作，展开秘密活动，成立党小组。

1946 年 2 月，中共广州市委成立，黄松坚任市委书记。市委的主要任务是：恢复组织，站稳脚跟，开展群众活动。之后，广州市委调派涂锡鹏任禺南特派员，接替周锦照工作。针对国民党

发动的内战，禺南地区国民党军队较多，地方反动势力嚣张。针对番禺恢复武装斗争压力很大的特殊情况，禺南地区党组织同国民党反动派作坚决斗争，全面联系和健全党组织，开展地下活动，安全疏散留下的部队和武器，以备开展武装斗争，搞好统战工作，掌握群众武装。

涂锡鹏到禺南后，由李炳文介绍到忠简小学以教员身份开展活动，发展秘密活动点，利用在教育科工作的关系，介绍共产党员和进步青年当教师。许多党员以教师职业作掩护，秘密开展党的工作。

为加强对广州周边地区党组织的领导，中共广州市委于1946年4月和8月先后成立郊一区、郊二区特委，王炎光、林华康分别担任郊一区正、副特派员；谢鹤筹、吴震乾分别为郊二区正、副特派员。郊一区、郊二区特委由市委书记黄松坚领导。

番禺党组织根据本地的情况，采取了分散转移的措施，进行调整和部署，使许多党员、干部站稳了脚跟，达到了保存武装、保存干部的预期目的，党的组织系统逐步建立和健全并有所发展。在艰苦险恶的环境下，遵照上级党组织的部署，坚持分散隐蔽的革命活动，保存了革命的力量，为对付国民党挑起全面内战做了必要的准备。

在禺南，中共番禺县禺南地区特派员成崇正根据中共广东区党委指示在党内组织一次以"清理思想，整顿组织，审查干部"为主要内容的整风审干，对所管辖的党员开展政治教育。当时，党员都分散隐蔽在各地，多属于单线联系。成崇正走遍各隐蔽点与分散各地的党员联络了解各地情况，了解党员的思想，有针对性地开展教育活动。

通过整风审干学习，党组织澄清了部分党员的模糊认识，使他们克服了悲观失望情绪，更重要的是消除了部队北撤后，留守干部队伍中一度出现的消沉、彷徨现象，鼓舞了斗志，稳定了党的组织，保持和巩固了原有阵地。根据形势的变化，番禺党组织适时调整斗争策略，积极开展工作，发展党的各级组织，把支部巩固下来，继续开展隐蔽斗争。

国民党广东当局为支持和扩大内战，于1946年8月起开始征粮，9月恢复征兵，并加收各种赋税，不断加重人民的负担。人民群众对国民党已经失望，并自发起来反抗，人们对国民党政府在抗战胜利后罔顾民生，发动内战表示了强烈的不满。番禺党组织抓住有利时机，对地方实力派开展统战工作。

1946年6月，国民党蒋介石集团发动全国规模的内战。国民党广东当局秉承蒋介石集团意旨，挑起内战，"围剿"中共领导的人民武装，迫害民主力量，实行征兵、征粮、征税的"三征"苛政，变本加厉地榨取人民血汗，致使战后物价飞涨，货币贬值，民不聊生，民怨沸腾。

在中共广东区党委的领导下，中共番禺地方组织遵照中共中央关于"隐蔽精干，长期埋伏，积蓄力量，以待时机"的方针，及时进行了组织和人员的调整，疏散武装人员，坚持隐蔽活动。这时的榄核、大岗、灵山、东涌、黄阁等地，与番禺其他乡镇一样，及时采取分散转移与秘密方法去坚持斗争，保存革命力量。

这边，国民党广东统治集团企图凭借其军事上的优势，在短时间内迅速消灭广东人民武装。1946年10月20日至30日，广州行营主任张发奎在广州召开"粤桂两省绥靖会议"，策划全面进攻广东解放区，扬言要实行"联防联剿""限期清剿"，在两个月内肃清广东的人民武装，气焰十分嚣张。10月间，抗战时期流亡在外的国民党番禺县政府迁到市桥。11月，国民党广东省护沙总队队部也由广州迁到市桥。他们为了抢占抗战胜利果实，控制城乡，污蔑共产党，公开网罗敌伪、土匪，并派出军队布防于番禺各地，"围剿"珠江纵队第二支队建立起来的各个根据地。11月24日，国民党番禺县党部召开由书记长主持，县长、秘书、政治科长、军事科长、公安局局长、自卫大队队长参加的党政秘密会议，捏造共产党历年在禺南的"罪行"，送县党部撰写宣传文字，并密饬各乡保甲长，随时协同逮捕共产党分子。

此时，中共广东区党委提出："国民党对广东进攻是全面性的"，"各地武装应运用各种不同的名称，利用群众条件、地形条件、干部关系和统战关系，分散发展（多至百余人少至十人为股），扩大据点，组成更多武工队"。

1946年10月24日，中共广东区党委发出《当前的斗争形势与工作指示》，针对国民党对广东革命力量进行全面性进攻的情况，党组织必须有足够的估计和高度的警惕，预作周密完善的工作布置，以便击破其企图。要求各地武装尽量疏散非战斗武装人员，将不必要留在部队的干部、党员通过群众关系，分别派送到大城市或农村中去开展生根工作。

国民党反动派在抢占抗战胜利果实的同时，加紧对抗日根据地的"清剿"。"粤桂两省绥靖会议"之后，国民党广东当局一方面派出大批军队长驻禺南，网罗伪军，勾结土匪恶霸，组织反动联防队、护沙队、谍报队，对共产党人、珠江纵队第二支队留守战士及爱国进步人士和学生实行"清剿"、拘捕和暗杀；另一方面，大搞"心战"，对留守战士施展思想渗透、拉拢腐蚀等手段，企图从共产党内部打开缺口，瓦解共产党的队伍，一些不坚定分子就这样走上叛变投敌的罪恶道路。

禺南是国民党在番禺反动统治的心脏地区，又是珠纵第二支队多年活动的地方。番禺、顺德、中山等原抗日游击队的武装人员，面对严峻的形势，根据中共广东区党委要求一方面是坚持斗争，保存武器，保存干部；另一方面是做长期打算，准备将来合法的民主斗争，在党组织的安排下，开展紧张的转移、隐蔽干部和武器的工作。

中共中央和广东区党委的指示，为番禺的党员干部和武装人员指明了新形势下的斗争策略，一方面尽量避免与国民党军队产生摩擦，另一方面加强对付内战的准备，以迎接新的战斗。同时，全力恢复人民武装，在榄核、大岗、灵山、东涌、黄阁、市桥、大石以及其他乡镇积极开展反"三征"斗争，粉碎国民党反动派军队的"清剿"，在斗争中壮大人民武装力量，发展党的组织。

1947 年 3 月，中共广州市郊一区特委和郊二区特委合并为广州市郊特委，由谢鹤筹负责。番禺党组织隶属广州市郊特委领导。禺南党组织的工作由特派员成崇正领导；禺北党组织的工作由特派员叶桨领导。党员利用自己的合法身份，积极开展工作，团结群众，发展党员。这样番禺党组织在对敌斗争、统战工作、群众活动中充实壮大了党组织的力量，为下一步斗争作了思想上、组织上和干部上的准备。

1948 年冬，中共番禺县工作委员会（简称"县工委"）成立，周健夫担任书记兼组织部长。

聚集革命力量，恢复人民武装斗争

内战全面爆发后，国民党蒋介石集团依仗其军事上的优势，扬言在三至六个月内消灭中共领导的武装力量。

人民解放军遵照毛泽东关于以消灭敌人有生力量为主要目标，不以保守或夺取地方为主要目标的作战方针，在东北、华北、华东战场上大量歼灭国民党的军事力量。

从 1946 年 11 月起，国民党军队进攻解放区的气焰开始下降。为了继续保持攻势，国民党不得不从后方抽调兵力到内战前线，其中在广东的正规军几乎全部北调。到 1946 年 11 月，留在广东的正规军仅有 4.6 万人。这些兵力只能守护广东境内的大、中城市和主要交通线，对小城镇和广大农村则根本无力控制。

在国民党兵力相对削弱的有利时机，中共广东区党委为了配合全国解放战争，于 1946 年 11 月作出"恢复武装斗争"的决定，并制定了"实行小搞，准备大搞，从无到有，从小到大，稳步前进"① 的战略方针，号召各地留粤武装人员，聚集力量，重新拿起武器，建立人民武装队伍，打击地方反动势力，保护人民群众利益，从此展开了艰苦卓绝的解放战争。

为了新中国的成立，为了广大人民群众的幸福生活，一批又

---

① 广东省地方史志编纂委员会编：《广东省志·中共组织志》，广东人民出版社 2002 年版，第 133 页。

一批革命志士、青年学生、普通村民纷纷投入解放全中国的伟大事业，不惜奉献青春和生命。

一、聚集珠江纵队主要力量，恢复武装斗争

1947年1月14日至3月7日，为贯彻落实"恢复武装斗争"的决定，中共广东区党委在香港举办多期各地党组织负责干部研究班，帮助干部认识广东游击战争的意义、发展条件和应走的道路，克服在一些干部中产生的怀疑广东游击战争能否搞得起来以及担心搞起来后又再一次撤退的思想，增强斗争必胜的信心。同年4月25日，中共中央对华南地区的党组织作出指示，强调指出：不要急于打大仗，也不要过早建立武装根据地，而应将武装力量散布，先从多消灭乡村地主联保武装做起，便愈能在广大乡村中站稳，为建立根据地奠定基础，而不致引起保安团队过早集中调来"清乡"。

在禺南，特派员成崇正在分析了禺南的形势和敌我友状况后，确定了"坚决积极，谨慎从事，从小到大，逐步发展"的指导思想，恢复禺南武装斗争。这里有抗日战争时期珠江纵队第二支队的主要力量，以及从部队转入地方掩蔽的武装骨干，为禺南恢复武装斗争提供了最有利的条件。禺南各乡村积极配合，做好恢复武装斗争的准备。

1947年7月，中共番禺地方组织在望边村举办训练班，培训干部，先后输送100多人到县内各地工作，把工作延伸到市桥外围地方，包括南沙、榄核、黄阁、东涌、大岗、灵山等地的各个党支部。同时党组织和禺南武工队还派出人员深入到禺南村庄联络原珠江纵队第二支队复员战士、堡垒户和统战对象，为进一步开展武装斗争汇集力量。

1947年9月，蒋介石政权为把广东变为最后的内战基地，派

宋子文接替罗卓英任广东省政府主席。宋子文为支持"反共反人民"的内战，一方面对共产党及其领导下的人民武装实行"清剿"；另一方面加紧了征粮、征兵和加征税收。12月，宋子文发动了所谓"分区扫荡、重点进攻"的第一期"清剿"。各地反动当局配合宋子文的"清剿"计划，向当地的人民武装力量发起进攻。1948年2月，国民党当局又在市桥成立以林小亚为主任的南（海）番（禺）东（莞）顺（德）四县"清剿"指挥所，以配合"清剿"计划。

1948年3月，中共珠江三角洲地区工作委员会（简称"珠江地工委"）成立，书记谢鹤筹，副书记兼组织部长黄佳，委员兼宣传部长曾谷。珠江地工委辖南海、顺德、三水、番禺、中山县三区、中山县九区、中山县八区等地的党组织，也管辖石岐特派员和中山特派员、增城新塘地区中心区委员会。珠江地工委成立后，禺南特派员成崇正调到连县工作，由原禺北（包括禺东）特派员叶桨任中共番禺县特派员。

1948年8月，番禺特派员周健夫参加珠江地工委举办的干部训练班。在珠江地工委干部训练班上，周健夫作了汇报，总结番禺地区秘密群众组织（农民自救团、农民解放团）的发展情况，并在此基础上，确定了工作方针：既要积极地活动和发展，力求跟上全国解放战争的胜利步骤，又要考虑番禺紧靠广州，武装力量仍处于敌强我弱的状况，必须提高警惕，稳步前进，防止操之过急。在此方针指导下，一方面要认清形势，增强斗志，进一步加强党和群众的联系，广泛发展各阶层人民求生存的统一战线；另一方面反对蒋、宋"三征"暴敛，在斗争中发展人民的力量。党员充分利用各种宣传手段，积极发动群众开展反"三征"斗争，并在斗争中发展党和群众组织。

于是番禺党组织派出党员分组深入到村庄，联系抗战时期的堡垒户和统战对象，组织农民自发成立农民协会开展宣传发动工作，吸收农村积极分子加入农民协会，成立妇女识字班、成人学校、姐妹会、妇女会等组织。并且恢复和开辟了新老据点15个村庄，这些村庄多连成一片，日后都成为党领导人民武装活动的基地。同时，在群众斗争中积极发展农民党员，壮大党的力量，为扩展武装斗争，做好组织上、思想上、行动上的准备。

1948年秋至1949年1月，中国人民解放军与国民党军队进行战略决战，取得了辽沈、淮海、平津三大战役的胜利，基本上消灭了国民党军队的主力。国民党统治集团在政治、经济、军事上面临崩溃。人民解放战争取得全国性的胜利已经为期不远。国民党在广东的统治也是风雨飘摇，岌岌可危。

1949年1月，番禺县工委根据上级指示，决定加强对武装的领导，发动和组织群众，扩大队伍，发展武装力量。县工委用原珠纵第二支队禺南武装工作队队长陈其生名义，发布《告禺南同胞书》，号召广大人民跟上全国解放战争的胜利步伐，立即行动起来，积极支援禺南武装斗争。

番禺县工委根据上级的指示和番禺的具体情况，总结恢复武装斗争以来的经验教训，研究贯彻大胆发展斗争积极的工人、贫雇农群众、革命战士及革命知识青年入党，并建立与发展各地新民主主义青年团的组织。县工委宣布，在禺南组成东线、西线武工队和手枪队，指定苏文哲负责东线武工队，卫民、潘标负责西线武工队，卢虾、刘明负责手枪队（后改为中心武工队）。

至此，各个队别直属县工委领导。县工委武装委员郑吉结合地域实际，分析具体情况，并下达六项主要任务：一要群众，二要人，三要地，四要钱粮，五要枪，六要打击敌人。要群众，就是要宣传、发动、组织群众，不仅要学会打仗，还要学会做群众工作，有了这两套本领，什么困难都可以战胜。要人，就是要更多地动员原珠纵二支队的同志归队，发动有觉悟的青年农民、工人、学生参军。要地，就是要发展游击据点，现有的十几个点不够，要全部恢复抗日战争时期的根据地，还要开辟新的游击区。要钱粮，就是要解决队伍给养，收稻谷，搞捐献，并制订收据和捐献簿。要枪，就是要提取原广游二支队秘密掩蔽的武器，加以修理，并向地方实力派借用。要打击敌人，就是要实行公开武装袭击，壮大武装队伍声势，打击敌人气焰。六项主要任务，简明扼要，部署有力。

县工委部署禺南各区（分为禺南东区、禺南西区、禺南南区、禺南北区）相继成立武工队，辖区各乡村，通过夜校、识字班、妇女会等形式，组织宣传形势，支援配合斗争。一方面加强与地方实力派的联系争取工作，对地方实力派的头面人物，除了在政治上极端反动，严重欺压人民，不除掉不利于开展工作的个别恶霸分子外，一般都采取争取、团结、教育的方针，派得力干部与他们建立必要的联系，加强对他们的宣传教育；另一方面是加强与民主党派的团结合作，与农工民主党番（县）增（城）从（化）花（县）龙（门）区五县负责人梅日新联系，梅日新表示农工民主党要与中共密切联系，把民主革命进行到底。

二、集结基干队伍，加强武装自卫

1949年4月下旬至5月初，中共珠江地委在顺德容奇乌泥塘召开会议。地委委员和地委所属各县区党组织的负责人参加了这次会议。地委书记黄佳主持会议，会上传达学习了中共中央文件《目前形势和党在一九四九年的任务》，传达了华南分局工作会议精神要点：阐明中国人民解放战争将取得决定性的伟大胜利，要将革命进行到底，迎接人民共和国的诞生；指出敌人是不会自行消灭的，对敌斗争将更复杂尖锐；要求扩大革命阵营，更要重视革命同盟军作用；发展经济工作，做好社会调查，积极配合大军解放华南。会上，各地党组织负责人介绍了工作情况，交流了经验。

会议给所属各级党组织发出《珠江地委关于当前形势和今后工作方针的指示》，确定了珠江地区今后的工作方针："到处放点，到处生根，发动群众反'三征'斗争，发展人民武装，发展党，打好游击战争基础，准备起义，迎接三角洲解放。"强调"领导群众反'三征'斗争，仍然是三角洲党组织当前工作的中心环节"。武装斗争的方针是"分散发展，钻敌空隙，歼敌小股，壮大自己，掩护群众斗争"。党的组织工作方针是"放手发展，从发展中争取巩固"。

1949 年 5 月，珠江地委专门发出《关于当前禺南形势特点及今后工作的意见》，对武装、群众、统战、宣教、财经和党的工作提出了具体要求和做法。为番禺的工作指明了方向，对推动番禺革命形势的发展有着重要的意义。

乌泥塘会议后，中共番禺县工委迅速贯彻上级的指示精神，根据珠江地委关于"实行党委制，集体领导，分工负责"的指示，决定各区成立党委会，以适应形势发展的需要，加强党对迎接解放的各项工作的领导。党委会的任务是：发动、组织群众，建立农会、起义委员会和武装队伍，开展反"三征"武装斗争，发展党团组织，广泛发动青年参军，迎接广州和番禺的解放。

县工委书记周健夫，委员郑吉、徐幽明、廖安分别到禺南东区、禺南西区、禺南北区、禺南南区和沙九螺区召开各区干部会议，传达县工委决定，成立各区委（支部）。

禺南南区委（又称番东中顺区委，管辖今南沙区沙湾、榄核、灵山、鱼窝头）梁平任书记，委员陈九、区藜。沙九螺地区成立党支部，梁允任支部书记，委员何云扬、谭伟文。

各区武工队成立党支部，实行支部书记、武工队长、政治指导员集体领导，分工负责。县工委决定采取发动群众反"三征"与开展游击战争相结合的方针，要求武装部队已经组建起来并已有初步发展的禺南地区，积极开展反"三征"斗争，抓住有利战机，集中力量，主动进攻，消灭分散孤立的小股敌人，在斗争中壮大发展部队。

根据珠江地委关于要建立武装核心力量的指示，县工委要求在禺南武装工作队尽快组建战斗连队；在武装部队刚建立起来的禺北、禺东地区，则由该地区党组织负责立即组建广州东北郊人民游击队，并决定委任李汉光为队长，由徐幽明任政委代表县工委领导。

同时，番禺县工委 200 多名队员分工负责，领导群众，深入开展反"三征"斗争。并提出"武装抗征、武装自卫"的口号，指出武工队必须适当地配合群众斗争，集结基干队伍，不断加强军事斗争的锻炼，使基干队伍与群众反"三征"斗争结合起来，歼敌小股，发展自己。

各区委（支部）根据珠江地委和县工委的部署，深入乡村，进一步做好统战工作，继续开辟新区，为部队筹粮、筹款、筹武器，把工作重点放在发动群众上，号召人民群众武装起来，积极领导人民群众开展斗争。区武工队也分成多个武工小组，分工合作，遍布全县各村庄，向农民广泛宣传解放战争的发展形势及党和解放军的政策；散发和张贴布告、传单，发动农民组织起来，成立农会，组织民兵队伍，动员青年参军。

三、开展武装抗征，反击国民党武装抢征

1949 年 6 月，国民党广东当局为挽救残局，在国统区内大抓壮丁，勒收田粮赋税，颁布《提前征收一九四九年田赋征收办

法》，其中第二条规定："凡在七月底以前完纳新赋者，照核定各县折征标准谷价八折征收银元，在八月底前完纳者九折征收银元，自九月一日起一律十足征收实物。"第七条规定："珠江三角洲地区赋额庞大，港汊分歧，应配备省保警三团以上之武力及相当武装巡轮，护耕护割，兼办验审扫征。"又在征兵条例中规定：凡满 18 岁至 45 岁的男子，都为应征壮丁，其中 18 岁至 35 岁的壮丁不论是单丁独子，一律强迫当兵，凡瞒报壮丁，都要处死刑。

国民党番禺县政府也决定提前于 7 月 1 日抢征 1949 年度田赋，并扬言要派出武装"护耕护割，并办验审"，实行"扫征"。7 月间，国民党广州警备司令部叶肇委任汉奸朱全在市桥成立南区指挥所，起用汉奸朱全、郭耀球、简辉等成立 5 个警备大队。在警备司令部的督促下制订对禺南武工队的全面"扫荡"计划，协助征粮，并派出密探四出刺探人民武装行踪，出动大部队袭击。

1949 年 6 月 18 日，中共番禺县工委针对国民党番禺县政府的决定，以第二支队禺南武装工作队名义发布《为反蒋伪加紧征粮告同胞书》，号召人民群众反抗国民党当局武装征粮。7 月 21 日，禺南武工队又发布文告，警告国民党承收田赋人员立即停止"扫征"，不得剥削人民。广州警备司令部南区指挥所派出人马在禺南地区武装征粮。禺南人民在各区党委领导下，先是采取拖延的办法抗征，后逐步发展到武装抗征。

经过县工委和武工队的努力，番禺地区党、团和群众组织都得到较快的发展。禺南东区、西区、南区党员发展增加了 35%，团员发展增加了 60%，群众组织发展增加了 100%。县工委还组织力量搞农村调查，访贫问苦，宣传共产党主张。慑于群众和武工队的力量，原来对武工队持观望态度的乡保长主动接近、联络武工队，也消极对待国民党"扫荡"和征粮的指令。

其实，早在 1949 年 4 月，中国人民解放军就解放了南京。随后，以摧枯拉朽之势，横扫长江以南的国民党残余势力。广东全省的解放已是指日可待。

1949 年 8 月 21 日，中共中央华南分局鉴于人民解放军即将进军华南，赋予珠江三角洲党组织十项任务：一是储备公粮千吨；二是动员 7 万民工支援解放军；三是有力量的地区要封锁粮食出口，如不能封锁可征借；四是动员 270 名连级或支部级干部交上级使用；五是加强敌军工作；六是加强政治攻势；七是必要时由地委发行钞票或军用条票；八是迅速调查交通情况；九是准备接收容奇、大良、佛山、石岐、市桥等地；十是与江南地区取得横向关系的联络。

1949 年 9 月 12 日，珠江地委发出《关于九、十月份工作决定补充指示》，要求各地为配合解放，首先完成发动政治攻势，调查社情、敌情和开展人民自卫武装三大任务。并指出：在广州即将解放的形势下，防止敌人在沿海地区负隅顽抗，迅速组织军事斗争，为配合解放，各地要指定干部建立调研小组，对该地区的交通、政治、军事、经济、文教、工商等进行调查研究。13 日，珠江地委又发出通知，要求各县（工）委迅速扩大各基干队，达到一个团，筹备建立团部；为防止敌人在垂死前进攻中山、番禺、顺德，要迅速组织军事斗争，粉碎敌之阴谋。16 日，珠江地委委员曾谷在禺南石碁塑边召集县工委领导周健夫、郑吉、廖安等开会，传达珠江地委指示，部署配合大军解放番禺的工作。

番禺县工委接到任务后，立即着手行动。县工委立即召开干部会议，指出广州解放日近，敌人散布各种谣言，要加强宣传，发动群众，粉碎敌人的造谣破坏；在军事上，敌人有可能经本地区撤退，要准备打阻击战，组织群众，迎接解放。20 日，上级正式批准在禺南武工队和广州东北郊人民游击队的基础上成立中国人民解放军粤赣湘边纵队番禺独立团。设两个营，600 多人。郑吉任团长，周健夫任政委，廖安任政治处主任。考虑到禺南武工队和广州东北郊人民游击队分隔两地，两支队伍在县工委领导下各自独立作战。

珠江地委同时发出《关于开展支迎大军及对敌军进行宣传攻势的意见》，提出要广泛动员人民起来支迎南下大军，展开对国民党军、"大天二"、地方反动武装的宣传攻势。大力向群众进行形势教育，对各县城、大镇宣传《中国人民解放军布告》，组织人力护厂、护校、护路及保护城市公共设施，迎接人民解放军入城。

就在南下大军即将兵临珠江三角洲之际，国民党特务假冒中共中央南方分局和番禺人民武工队等名义，到处招摇撞骗。番禺县国民党特务辛镜棠（原为大汉奸李辅群的参谋）也从中支持煽动匪徒、国民党部分保安营人员及"大天二"，在市桥等地活动。国民党特务还散布谣言，说共产党来了要"共妻共产"，拆散家庭，说国民党3个月内可以反攻，还利用神棍欺骗、迷惑群众，造成部分群众的思想顾虑。

针对这种情况，番禺各人民武装负责人发表谈话，阐明人民武装的严正立场，并将珠江地区各主要人民武装的负责人名单及联络地点，向社会公布，以便群众识别真相。同时呼吁各界同胞共同努力，早日肃清国民党反动势力，完成珠江三角洲的解放大业。各武工小组也深入到村庄，宣传中共的政策和主张，大量张贴和散发印有《中国人民解放军布告》《三大纪律八项注意》等传单，揭露国民党罪恶行径和谣言，安定人心，号召人民群众组织起来，为迎接解放扫清了障碍。

配合主力，喜迎解放

华南地区是一块比较特殊的区域。这里既是粤桂两系军阀的大本营，又毗邻港澳，岛屿多，涉外事务亦多，这比内地一些地区更为复杂，中共中央决定由叶剑英担负解放华南与接管华南、治理华南的任务。因此成立了以叶剑英为第一书记、张云逸为第二书记、方方为第三书记的中共中央华南分局，并决定由陈赓率领的第二野战军第四兵团，由邓华率领的第四野战军第十五兵团，组成一个临时性的独立兵团，在叶剑英和两兵团负责人带领下，向华南进军。1949年10月14日广州解放。10月16日，珠江地委通知番禺县工委：追击南逃之敌的粤赣湘边纵队主力已进入东莞水乡，19日前后将抵达禺南。要求县工委紧急动员，保证供应粮食、船只和民工，迎接大军解放全番禺。为此，县工委立即成立番禺支前委员会，投入紧张的支前工作。

禺南地区各级党组织和武工队立即分赴各地开展动员工作，向地方实力派人物、米机老板和其他富户，或征，或借，或让其捐粮食，动员他们为支援前线、解放禺南尽一份力量。由于大势所趋，人心所向，除少数顽固者外，大都按武工队要求，捐出数千或上万斤粮食，按时完成了筹粮任务。同时，动员各地农会准备船只，组织运输队、担架队就地待命，妇女会设立缝纫组和茶水站。各地妇女连夜赶制袖章，为独立兵团缝制军衣，为迎接大军开进禺南做准备。21日，番禺独立团得悉粤赣湘边纵队参谋长严尚民率领边纵主力部队，将从东莞横渡狮子洋登陆禺南，即派出杨刚、戴流等到茭塘、四七沙、石楼等地联络；派杨孟向古坝的韩锡忠、三善的黎巨调借机帆船两艘，连夜开到石楼砺江河面，架起浮桥，让部队渡江。番禺独立团第一、第二、第三连并随带赤山、小龙、塑边等村的运输队、担架队赶赴石楼一带接应，配合主力部队进军禺南。22日，边纵独立第一、第三、第四团胜利横渡珠江口，在莲花山登陆，再跨砺江向禺南进军。同一天，广州东北郊人民游击队200多人枪集结禺南南村，与禺南武装部队会合，番禺独立团原分驻两地的部队正式会合，并庄严地升起了鲜艳的五星红旗。

边纵主力部队进军禺南时，国民党番禺县县长曾昭贻、县党部书记长曾简早已闻风逃之天天。但拥有1000多人的自卫总队队长郭耀球和控制百多名亡命之徒的参谋长辛镜棠，随时可能负隅顽抗。边纵负责同志主持作出了战斗部署：边纵独立第一、第四团由市桥的东面、北面直插市桥，番禺独立团由南面包围市桥，切断水路，截击企图南逃之敌。结果，郭耀球、辛镜棠也闻风逃遁。部队挺进市桥，搜索残敌，安抚民众，维持治安。国民党保安二营营长率全营官兵800多人，并机枪28挺、长短枪800余支，正式接受改编。10月23日，番禺县城市桥和平解放。

1949年10月28日，中国人民解放军市桥军事管制委员会成立，在番禺实施军管，展开接收国民党机构资产、追歼残敌、肃匪反特、维持秩序和建政工作。南沙、鱼窝头、榄核、东涌、大岗、灵山、横沥、黄阁等番禺乡村获得全面解放。

第五章

建设老区　发展老区

第
一
节 当家作主，老区积极发展

1949 年 10 月 1 日，中华人民共和国成立，揭开了历史发展的新篇章。

23 天后的 10 月 23 日，番禺解放，广大人民群众满怀翻身的喜悦，迎接和欢庆中华人民共和国的诞生，以主人翁的姿态投身到新中国社会主义建设事业当中。

从 1950 年到 1952 年底，中国共产党领导进行了废除封建土地制度的改革。并颁布《土地改革法》，实行农民的土地所有制，借以解放农村生产力，发展农村生产力，为新中国的工业化开辟道路。

中华人民共和国成立前，榄核是典型的原始农耕渔业社会，工业几为空白，只有几间小型的粮蔗等农产品加工厂，如利生祥碾米厂等 3 间，小型机榨糖厂 4 间，牛榨糖寮 2 间，以及木器作坊 2 间，制造木农具和盆桶等；也有一些木匠、铁匠设摊档经营，或挑担过街串巷游走四乡，为农民修理破旧用具。

中华人民共和国成立初期，榄核原有的碾米厂和糖厂部分由政府接管，部分合并或关闭。出于战备需要，粮食实行国家统购统销，利生祥碾米厂等相关民间粮食加工生产企业改制为国营企业，由国家统一经营。

在土地改革中，农村新成立的政权及时没收地主的土地，全部按规定分给全体贫农、雇农、下中农。榄核地区的土地改革于

1953年3月完成,全体农户经复查后,都领到了国家颁发的中华人民共和国土地所有证。至此,榄核地主阶级通过掌握土地这一生产资料,对使用土地的农民通过榨取地租、放高利贷等手段,剥削其他阶级的封建土地所有制彻底宣告结束。

1953年,人民政府针对农业生产中的互助合作苗头加以引导,因势利导提倡农村互助合作,鼓励农民以土地及各自的耕牛、农具作价入股,成立合作社。合作社的纯收益年终结算,各人按入社股份及劳动工分以4:6比例分红。1953年3月,榄核乡新涌村杜金洪等17户农民创办的互助组率先响应,建立起当时全番禺县第一个初级农业合作社。

1953年,榄核街铁匠、木匠分别组成五金社和木社,1955年组合成为铁木社,生产小型铁木农具和家庭用具。1958年铁木社扩大成为榄核机械厂,生产规模扩大。1964年机械厂分别成立榄核农机厂、榄核五金厂和榄核木厂(后来木厂又分为公社木厂和二轻系统木厂)。1959年建立榄核船厂,主要生产小型农用艇和木船。1969年建成塑料厂,生产塑料玩具和各种类型的哨子。

1956年1月,中共番禺县委根据中央《关于农业合作化问题的决议》精神,召开第一批高级农业合作社试点会议,要求全县各区、各乡及早规划并社扩社,尽快落实各村初级农业合作社向高级农业合作社过渡。至当年6月止,榄核各村都建立起以集体所有制为主体的高级农业合作社。1956年6月,第一届全国人民代表大会第三次会议通过的《高级农业生产合作社示范章程》第三章规定:"入社的农民必须把私有的土地和耕畜、大型农具等主要生产资料转为合作社集体所有。"从此,农村土地私人所有制彻底被集体所有制取代。

1958年,榄核撤销乡改设榄核人民公社。原所属各村更名为大队,各大队下设若干生产队,开始了生产队、生产大队和人民公社三级所有的集体所有制模式，"一大二公"的管理架构正式形成。"三级所有"，就是公社、大队、生产队三级集体所有制；"队为基础"，就是以生产队作为最基本管理单位，组织指挥生产队的生产活动，以生产队作为核算单位，就是生产队收益根据社员出勤获得的工分按劳分配。

革命老区旧貌换新颜 _{第二节}

中华人民共和国成立前，榄核沙田区无自耕农，绝大部分是替二地主（俗称"包农"）的"分耕"佃农。"分耕"的方式是：二地主负责租金、捐税的开支，耕牛、种子、肥料和大农具的供应，负责全部农活的佃耕户可"分"得年收获量的18%—22%，如耕牛等一些项目，二地主没有供应，由佃农自行解决的话，"分耕"所得的比例，适当提高。当时沙田耕作粗放，农闲时用工不多，佃农们（特别是雇农）大都靠在河涌里捞捕鱼虾（排灌渠内水产品属二地主所有）度日，农民终岁辛劳，所获甚微，生活十分艰苦。

中华人民共和国成立前，沙田区内农民的食物多为自种、自养、自捕、自制的农副产品，包括粮食（大米、杂粮）、蔬菜、水果、干鲜鱼虾、腌菜等。农民平时每天吃两餐，农忙季节吃三餐。抗战期间，许多土地丢荒，粮食紧缺，贫苦农民生活极其困难，不少农民以野菜蕉头为主食，还有吃猪糠充饥的。抗战胜利后，由于内战频仍，人民生活依然穷困，农民多以番薯、芋头、木薯等杂粮混食。农民只饮用河涌水，对水果的消费甚少，自种的糖蔗、果蔗，还有利用屋前屋后闲置土地种植的番石榴、大蕉、粉蕉、龙眼、荔枝、枇杷、木瓜、黄皮之类的，村民则选较优的果实拿到市场出售，次品留给家人吃。

1950—1960年，农民的生活有所改善。1952—1953年土改完成以后，农民分到土地，解放了生产力，农作物产量也随着增加，耕地较多的沙田区和大量种植甘蔗或经济作物的农户，获益不浅。当时晚造谷每市担7.3元，一般棉布每市尺约5角，猪肉和毛鸭每市斤分别为4角和3角左右。广大农户的生活水平迅速提高。

1979年，实行经济体制改革后，经济得到快速发展。1982年起，榄核农村推行承包责任制后，粮食增产，大多数农民由原来每天吃两餐改为吃三餐。1990年后，农民不仅可食用自养的禽畜、塘鱼，而且还可以到市场购买自己喜爱的食物。农村水果消费量大增，一般村民每天在市场购买苹果、雪梨、橙子、柑桔、甘蔗、香蕉等新鲜水果，约1公斤。收入较高的家庭，则选择进口的葡萄、芒果、山竹、布菻、榴梿之类优质水果。普遍都能饮上各款红茶和绿茶，沙示、可乐、橙汁等各种各样饮料的消费量也逐年上升。人们从到酒楼饮早茶开始，以后逐渐发展到一家大小饮午茶、吃点心，甚至不回家吃饭。饮茶也非常讲究，一般是两至三样点心，花费30—50元，丰俭由人。富裕人家好饮工夫茶，单是茶位每人5元，连吃点心，最低消费也得一百几十元。到了2000年后，随着经济的发展，社会物质丰富，人们意识到要注重健康饮食，开始少吃高脂肪、高蛋白食品，提倡多吃玉米、番薯、芋头、蔬菜等纤维素丰富的食物。随着镇内开设的各类特色小食店档、农庄越来越多，不少村民都喜爱同家人和亲戚朋友到酒楼吃饭。至2015年，日常饮食消费支出占家庭总收入的35%—42%，在村民的饮食消费中，副食消费比重上升到50.3%，主食消费则下降为16.4%，在外饮食为18.3%，其他饮食为28.5%，其中高蛋白、低脂肪的营养食品和儿童食品的消费量有明显的增加。

在居室条件上，发生了翻天覆地的变化。中华人民共和国成立前，榄核民众绝大多数是沿河涌堤岸搭建禾草苇屋（俗称"茅寮"）、棚寮。因为榄核居民历史上是以船为家，不敢在别人的土地上建造永久性房屋，只好在墩边堤畔，或半跨河涌搭寮栖身。每间棚寮占地面积 10 多平方米，以杉作柱，以竹作橼，以稻草或甘蔗壳为上盖，以稻草敷上泥浆作墙，能用上杉皮便算上好材料。为了防火，寮与寮之间有一定距离，煮饭的厨房也从不与主要居室连接。

中华人民共和国成立之初，人民生活安定，生产发展，人口增长较快，民房建设有所发展。1970 年以前，榄核农民依旧基本是搭建茅寮居住。1970—1980 年，开始有砖瓦房，多见于学校、大队队部等公房，建筑业从这时才应运而生。榄核农民建房的高峰期是在 1980 年初，由于改革开放政策，农民经济收入有所增加，开始了茅寮变砖屋的历史性转变。此时期的房屋设计款式简单，室内铺贴大红阶砖，墙体内外以石灰批荡为主，门窗均以木质材料为主。

20 世纪 80 年代，水上居民告别水棚木屋，搬进砖瓦房。

1990 年之后，普遍是平顶楼。由于改革开放政策，农民经济收入有所增加，民房建造开始有了多样化，门窗已大量换作钢门窗，并开始以茶色玻璃和铝合金作门窗材料了，墙体多是水刷石米，也有镶嵌玻璃马赛克或大理石的，不是从前灰批外墙那么单调了。地板也不是传统的大红阶砖，而是大理石、花岗岩、马赛克、瓷砖、防潮砖等。一般都附有浴室、厕所等卫生设施。这期间，榄核住宅建设发展迅速，已全部实现转砖屋化。城镇住房建设，日新月异，居民居住问题基本解决。

2000 年起，榄核居民的居住条件又开始发生变化，从原来住砖屋平房逐步住上洋楼房、别墅等，不少还建有 2—4 层的楼房。楼房讲究造型，使用西式罗马柱，内墙体粉刷环保型涂料或贴瓷片，外墙体贴三色瓷片、大理石、喷涂料，室内装饰吊顶灯，铺贴大理石、抛光火釉面高级瓷砖、木地板。每层均设置浴室、厕所。居住环境干净整洁。有些有小花园，甚至有水池、假山、汽车房等配套建筑。

榄核镇城镇化水平得到快速发展。随着榄核村新村和私人别墅 A、B、C 区，以及榄核教师村、长江数码花园、凯德新玥花园、音乐小镇等的先后建成，很多人住上高尚花园式住宅区，向着城市化发展。

生活用品方面。中华人民共和国成立前，村民日常生活用水，取于河涌，洗涤衣物用粗皂、茶款、木眼壳。照明以煤油灯、松香竹或蜡烛为主。日常家具简陋，以竹器、木器或藤器家具制品为主。燃料用禾秆、蔗茎、木柴等。中华人民共和国成立后，人民的生活用品逐渐改善。1960 年，榄核镇内开始通电，家庭照明逐步采用电灯，煤油灯几乎被淘汰。1980 年之后，大部分村民普遍使用液化石油气。家具的改善，主要是从 1980 年之后开始，村民在居住条件改善之后大量添置新式家具，普通人家也都用上沙发或红木桌椅和弹簧床垫。家用电器的使用越来越普遍，大多数家庭都用上电饭锅、电风扇、电冰箱、收音机、洗衣机、彩色电视机、浴室热水器和抽油烟机，少数家庭添置有空调、电脑。电话在 1970 年之前，只是机关单位和大队办公的通信工具，到1990 年之后，移动电话和无线传呼机成为家庭的必需品。2015 年末，全镇基本普及了移动电话，固定电话用户 1.2 万户，实行家庭宽带的光纤改造升级 1000M，互联网用户 2 万多户。无线传呼机已经完全被淘汰出局。

出行方面。中华人民共和国成立前，榄核属于沙田地区，境内河涌交错，因河道阻隔，沙田地区大都未能通车，皆靠轮船摆渡，素以船为主要交通工具。

中华人民共和国成立初期至 1970 年初，农民出行仍然以船艇为主要交通工具。到了 20 世纪 80 年代，单车是村民出行的主要工具。1980 年开始，为改善投资环境，适应商贸发展，镇政府调动各方力量，开展建桥筑路。榄北公路、榄九公路相继建成通车，贯穿榄核的省道广灵路、广珠东线、南二环、东新高速、黄榄快线等先后贯通。随着收入逐年提高，村民为方便工作，开始购买二轮摩托车，到 1991 年，二轮摩托车逐渐成为出行的主要工具。一些高收入家庭，为方便生活，开始购买小汽车。以前较为昂贵的小汽车已经普遍进入寻常百姓家。2015 年末，榄核公交巴士路线始发线路 10 条，途经线路 8 条，公共中巴线路实现了村村通，班次较为频密，居民出行十分方便。

第
三
节　**积极改革，发展老区经济**

　　榄核在积极改革中，逐步推进老区经济的稳定发展。中共十一届三中全会以后，推行和完善家庭联产承包责任制，榄核农民有了较多的生产经营自主权，逐步调整种植业和饲养业结构，转向多品种、多层次、效益型、创汇型的商品农业发展，形成经营集约化、生产机械化、产品商品化、市场国际化的趋势，初具现代商品农业雏形。在农业产量和产值大幅度增长的同时，农村富余劳动力逐步有序地向第二、第三产业转移。1979 年后，贯彻改革开放政策，榄核发挥背靠广州、邻近港澳的优势，加快了工业发展步伐。基础设施和投资环境的改善，增强了中国香港、澳门、台湾和海外企业前来榄核投资设厂的信心。规模以上企业发展迅速，镇村企业由少到多，工厂规模由小到大，产品档次由低到高，经济效益由差到好，人们群众生活的幸福指数也越来越高。

　　在农业方面实行联产承包责任制，土地由农民向集体经济组织承包经营的改革形势下，革命老区迎来了破除"大锅饭"的改革，调动了广大农民的生产劳动积极性。

　　在农业生产不断改革的过程中，革命老区也紧随着珠江三角洲的经济发展思路，开始放开手脚，寻求多种经济发展之路，改变死守几亩稻田的保守思想，大胆走出一条工业发展的道路。1975—1980 年，先后建成榄核建材厂、榄核机制砖厂和榄核轮窑烧制砖厂，大量生产砖瓦，为"茅寮变砖屋"提供建筑材料。

1979 年底，榄核船厂改为榄核水泥制件厂，除生产少量水泥船外，主要生产禺山牌各种规格的机压水磨砖，质优价廉，产品销往省内外，年产值 98.5 万元。

榄核服装厂始建于 1963 年，开始主业为来料加工和缝制成衣，长期以来生产能力不足，生产进度缓慢。1980 年增加投资，建设新厂房，更新生产设备，承接国内外客商来料加工业务，产品有西装、T 恤、运动套装、衬衣等。

1987 年，广成塑料厂投产，为客商来料加工企业，厂房面积 1.8 万平方米，主要生产塑料原材料，年产量 1600 吨，产值 960 万元。

1988 年 5 月，榄核钢丝厂投产，项目占地面积 2.5 万平方米，建筑面积 6000 多平方米，投资 800 万元，可年产各种规格钢丝 3000—5000 吨。1988—1989 年，产品除供应内地市场外，部分销往香港、澳门。

20 世纪 90 年代，榄核镇委、镇政府着力改善投资环境，吸引港、澳、台商前来榄核投资办厂。1991 年，台商投资兴办均瓒工艺陶瓷厂，投资额 200 万元港币，厂房占地 1.5 万平方米，采用现代化陶瓷工艺生产线，产品全部外销。随后，创信鞋业、镇泰玩具、联盛模具、敏腾塑料、洛德加印刷等一大批外资、港澳台资企业落户，为榄核带来前所未有的外资、港澳台资企业落户助推榄核工业发展新格局，促进榄核经济快速发展。至 2016 年底，榄核镇共有外资、港澳台资企业 110 家，其中港资企业 67 家，台资企业 32 家。

随着市场经济的发展和农业生产技术水平的提高，农村部分土地逐渐向生产能手集中，出现一批公司式的农业大户。这些农业公司从种子到种苗、从技术指导到加工销售实行一条龙服务，开辟了农业规模化、集约化经营的模式。

　　榄核，作为典型的岭南水乡，境内河网密布，曾经有许多常年靠打鱼为生、长期在渔船上居住生活的疍民，他们勤劳勇敢，淳朴正直，先后涌现了很多优秀儿女，一代一代建设着榄核、发展着榄核、见证着榄核。

　　经过中华人民共和国成立后尤其是改革开放 40 年的大发展，革命老区镇的交通已是四通八达，水陆运输均十分方便。一大批重点道路建设工程建成并投入使用，让榄核镇的大市政、大交通格局初成。此外，镇内 4 条主干道升级改造工程、全镇农村主要道路和村村通公路项目建设顺利完成。路灯亮灯工程建设、堤防综合整治、城乡饮水改善、农田建设改造等工程齐头并进，能源和通讯建设同步发展，城镇面貌发生巨大变化。由于榄核镇城乡基础设施和城镇功能日益完善，一系列社会服务保障能力到位，外商投资办厂日益增多，工商各业和对外贸易繁荣兴旺。

革命老区融入南沙新区发展

　　今天的榄核，正变得日益富裕、和谐、文明，南沙区以革命老区榄核镇为中心的革命发展史，激励着南沙人民弘扬革命精神，传承红色文化，推动南沙各项事业稳步发展。

俯瞰榄核镇（祝平摄于 2015 年）

　　2000—2011 年，榄核镇生产总值有了较大幅度的提升，11 年间 GDP 从 10.81 亿万元提升到 51.28 亿元。这一时期，榄核初步形成了新涌工业区、顺河集聚区等以玩具、鞋业、模具、珠宝为主打产品的支柱产业。

2012 年 12 月，广州市行政区划调整，榄核镇由番禺区划归南沙区管辖，榄核镇迎来国家新区和自贸试验区建设的历史机遇期。榄核革命老区镇不甘人后，坚持以经济建设为中心，大力开展招商引资工作，力促规模以上工业稳步增长，镇域经济迈上新台阶。

2012—2018 年，榄核镇的经济整体平稳发展，运行情况出现喜人势头。

工业经济稳步发展，成功引进广州输配电、岭南电缆、井源机电、速能冷暖设备、真功夫餐饮集团榄核粤港澳安全食品中心项目、澳兰斯健康环保设备总部及生产基地项目、雅耀工业园、东泰乳业等一批重点项目。积极引导镇内工业类企业升级转型，电线电缆逐步形成主导产业链。第三产业发展水平显著提升，成功引进保利和凯耀等知名房地产企业。文化产业有新突破，紧紧抓住与羊城晚报报业集团（以下简称"羊晚集团"）战略合作的契机，充分利用榄核镇独特的历史人文优势，全力打造星海故里音乐小镇。

绿水青山就是金山银山。榄核镇不以牺牲环境为代价促发展，全力开展环境保护工作。榄核成为国家农田保护区，广州市一级、二级水源保护区（保护面积达 1.2 万亩）。由于农田保护区和水源保护区对环境质量的要求非常高，对工业污染的控制非常严，因此榄核的工业用地指标被严格控制，从发展的角度看，对工业经济增长具有一定的影响。

自 2013 年以来，榄核镇积极摸索出一条"星海文化立镇、生态文明兴镇、创新文旅富镇"的振兴之路，按照南沙新区的发展规划，大力发展岭南文化旅游业和都市型现代生态观光型农业，促进"文化"与"生态"协调发展。榄核镇经济结构转型升级正在稳定推进之中。只有发展才是硬道理，只有发展才能使革命老区旧貌换新颜。

按照《广州南沙新区发展规划》要求，革命老区榄核镇属于南沙新区的西部组团。西部组团总面积约190平方公里，由高端装备制造业、岭南文化旅游区、都市型现代农业区三个区块组成。榄核镇是广州南沙、番禺两区重要水源保护区，主要发展方向是利用岭南水乡文化和生态农业景观基础，重点发展都市型现代农业和文化旅游业。

《南沙新区榄核分区控规》（简称《控规》）于2018年9月获批，该《控规》明确榄核镇"一心一轴六片区"的发展格局。"一心"就是依托现有城镇基础，完善教育、文化、医疗、体育等的公共设施，以建设宜居小镇等为目标打造榄核分区中部综合服务中心，发展商业配套、公共设施、旅游配套服务等功能。"一轴"就是沿蔡新路—榄核大道形成串联榄核分区东部和西部的城镇发展轴。"六片区"就是城镇居住服务片区、音乐文化产业片区、新涌工业发展片区、顺河工业发展片区、远景预留发展区，以及北部生态农业、旅游休闲片区。对外联系的快速路主要是"两横两纵"："两横"为西部快速通道、黄榄快速干线；"两纵"为高快速路南二环高速公路、东新高速公路。在南部和北部各设有一个高速公路出入口。镇内交通道路形成"六横六纵"主干路网体系："六横"包括榄灵路、人绿路、镇南路、榄张路、蔡新路—榄核大道、榄顺路；"六纵"包括榄核景观大道、民生路、广场路、七号公路（星海大道）、潭东大道、广珠东线。

榄核镇自2012年12月纳入南沙新区管辖以来，社会经济发展步伐加快，主要有六大方面的变化：

一是"星海文化立镇、绿色生态兴镇"，综合实力有所提升。榄核镇大多是高标准农田，又是沙湾水道饮用水取水口，属于一级水源保护区，不适宜大规模发展工业。从2013年以来，榄核镇改变过去一直坚持的"工业强镇"发展战略，根据南沙新区发展规划要求，提出"星海文化立镇、绿色生态兴镇"的发展战略，积极挖掘"星海文化"，大力发展岭南文化旅游业和都市型现代农业，推进星海故里音乐小镇建设。榄核镇开始转变经济发展方式，向文化、科技、创意、轻资产产业方向转变。启动城市更新工作，整村改造启动，以点连线，示范带动，依靠生态和"星海文化"，逐渐打造出一条生态—文化旅游线路，围绕"生态宜居、旅游度假、产业培育"三大目标，建设星海故里音乐小镇，倾力打造南沙最具有品位的文化名片。

据统计，2019 年全镇地区规模以上工业产值 145.8 亿元，相比 2012 年的 64.7 亿元增长了 125.3%；完成税收 14.6 亿元，相比 2012 年的税收收入 6.69 亿元增长了 118.2%。

二是城市承载能力有所提升。2019 年，成功引进保利和凯耀地产等知名房地产企业，榄核镇中心城区面积成倍扩张，榄核人民的居住条件持续改善。初步建立起城区和农村两套污水处理系统，水环境治理持续改善。重点项目建设稳步推进，康亦健医疗器械商标"健康坊"荣获中国驰名商标认证，这是南沙区第一个获得认证的中国驰名商标。澳兰斯项目生产厂房顺利完工，东泰乳业项目达到出证标准，丰泰人防项目生产厂房封顶，三雄光电、迪华澳项目正在加紧建设。创信科技园、联盛韵腾工业园及东泰科技园开展招商，广州华凌、万为科技搬迁进驻，不断焕发经济新活力。2012—2019 年，榄核镇的经济运行整体平稳，工业产值、其他服务业、固定资产投资、实际利用外资等发展情况总体良好，国、地税实现稳步较快增长。

三是文化产业发展加快。和《羊城晚报》合作，共同打造羊晚星海艺术基地和星海艺术产业园。以深挖香云纱文化价值为目标，与羊晚集团和华南农业大学合作，成立了香云纱研究中心和工作室，培育了榄核"香云故里"品牌，自 2012 年以来，已经连续四届参加北京举办的中国国际时装周，荣获 2018 年度时尚品牌奖。建成集书画艺术交流展厅、艺术家创作室等为一体的冼星海艺术创作中心，江山艺术培训学校、新华互联网科技职业培训学校、谱莱声音响等文化产业相继落户榄核。培育了一批榄核本土的文学、书画、音乐、摄影等艺术人才。榄核文化品牌美誉度进一步提高，群众精神文化生活愈加丰富。

四是大交通格局形成。榄核镇地处佛山顺德、广州番禺、广州南沙三地的交接之处，位于以上三区的几何中心区域。榄核镇也是顺德水道、沙湾水道、李家湾水道三江交汇处。同时，榄核镇不仅是南沙新区西部联系广州的出入口，也是南沙新区进出佛山的城区门户。可见，榄核镇处于重要的交通枢纽位置。至 2019 年，榄核镇内已初步形成高效快捷的城乡交通路网体系。榄核镇内的主干道有：榄九线（X297）、星海大道（YN59）、下子线（Y949）、榄灵路（Y877）、大合线（Y921）、人绿线（Y920）、榄张线（Y922）、北磨线（Y918）、灵墩线（YN48）、九雁线（Y927）。榄核镇是著名水乡，镇内河涌交错，容奇水道、沙湾水道环绕西北。至 2019 年，镇内主要修建的桥梁有榄核大桥、榄核河大桥、人民桥、万安桥、浅海大桥、子沙大桥、坳尾桥、横河涌桥。陆续完成部分村桥梁的修建工作，包括下坭村西 Y 桥、雁沙村双亦小学涌桥、沙角村医疗站桥、平稳村 4 队桥、平稳村 9—10 队桥、平稳村 7—8 队桥、民生铁河桥、滘桶涌桥。

五是镇村面貌日新月异。对原来的革命老区村，南沙区按照"一村一品""一村一景""一村一韵"思路，深入发掘村庄特色和乡土乡情，推动美丽乡村和南沙新区村居环境完善提升工程，榄核启动"星海故里、文创小镇"的项目。2018 年起推动农村人居环境卫生水平整体提升，23 个村全部达到省定干净整洁村标准，14 个村达到省定美丽宜居村标准，2 个村被评为市级美丽乡村，8 个村定位为特色精品村推动建设，村容村貌从根本上得以改变。

六是革命老区民生事业加快发展。幸福指数体现在具体的民生事业上。民生事业不断深化，又把重点放在社会保障体系建设上，这样革命老区的幸福生活，才能看得见、摸得着、享得起。比如设立广州市社区基金试点项目；加强特殊群体帮扶力度，长者爱心食堂从无到有，至 2019 年底建成 14 个长者爱心食堂，累计提供爱心配餐约 10 万人次，居家养老服务每月服务约 131 人，排名南沙区第一；全面推行"二次报销"医疗救助项目宣传，实现参保率72%，位列南沙区第二；首个社区嵌入式养老服务中心试点项目投入运营；高标准完成"五有"退役军人服务保障体系建设；等等。

从 2007 年被评为广东省教育强镇以来，2012 年、2017 年两

羊晚星海艺术基地（吴锦荣摄于 2015 年）

次通过省教育强镇复评。新增小学 2 所、幼儿园 2 所，中小学学位从 2012 年的 8121 个增加到 2019 年的 10209 个，幼儿园学位从 3053 个增加到 3790 个。

同时，羊晚星海艺术基地已建成并对外开放，集音乐创作、教育培训、艺术展览等功能于一体的星海艺术产业园揭牌并对外招商。以深挖香云纱文化价值为目标，与羊晚集团和华南农业大学合作，成立香云纱研究中心和工作室，培育榄核"香云故里"品牌，首批研发成果向社会展示，获得广泛好评。每一组数据都反映社会经济发展取得的成果，每一组数据都是幸福生活的硬核展示，榄核革命老区的发展没有休止符，让革命老区的人民过上富裕、和谐、幸福的生活就是共产党人的初心与担当。

第六章

摸索发展　建设南沙

国民经济恢复时期的南沙变迁

中华人民共和国成立初期,社会秩序迅速好转,人民安居乐业。此时期,南沙地区具有岭南水乡的特点:有海岸、岛屿、河涌等交织分布。南沙现所辖的街道、镇、开发区在当时的属地变化较大,曾经历过由东莞、珠海、中山、番禺四县管辖的时期。

东莞县管辖期间 万顷沙国营农场设立。1949 年 12 月,万顷沙东莞县明伦堂示范农场被东莞县军事管制委员会接管,改称万顷沙接管处农场。翌年,定名为广东省东莞县万顷沙国营农场。

1951 年,万顷沙华侨农场职工在晒谷场上劳动。

1950 年 10 月，东莞县第九区管辖南沙、万顷沙、长沙、龙穴、小虎、大虎。1951 年 1 月，广东省人民政府珠江区专员公署海岛管理处成立，万顷沙五涌、一涌以及龙穴岛从东莞县析出，划入海岛管理处管辖。1951 年底，在万顷沙二涌一带的 5 个围，组建归国难侨处理委员会农场。

珠海县第四区管辖期间　1953 年 4 月，珠海县成立。万顷沙、龙穴岛和沙头乡、沙中乡、沙尾乡，连同从东莞县析出的南沙、长沙、小虎沙、大虎沙，与同时从中山县析出的冯马乡、新安乡、安平乡一并划入珠海县第四区管辖。

中山县管辖期间　1954 年，广东省东莞县万顷沙国营农场和万顷沙华侨集体农场合并，成立广东省万顷沙国营机械珠江农场。同年，万顷沙又被划入中山县大岗区。1955 年 7 月，珠海县第四区改称珠海县万顷沙区。1957 年 3 月，珠海县万顷沙区划入中山县，改称中山县万顷沙乡，南沙随改属中山县万顷沙乡，大虎、小虎、沙仔岛被划入中山县黄阁乡。

撤销乡改设人民公社期间　1958 年，榄核撤销乡改设榄核人民公社；黄阁乡、万顷沙乡也撤乡改社，分别改称黄阁人民公社、万顷沙人民公社。广东省万顷沙国营机械珠江农场并入万顷沙人民公社。1959 年 1 月，广东省万顷沙国营机械珠江农场从万顷沙人民公社析出，并更名为广东省国营珠江农场，黄阁人民公社先后并入万顷沙、大岗人民公社。

番禺县管辖期间　1959 年 6 月，番禺县建制恢复，黄阁（含大虎沙、小虎沙、沙仔岛）和万顷沙（含南沙、龙穴岛）恢复人民公社建制，两个公社及大岗镇从中山县析出，一并划入番禺县万顷沙人民公社。1961 年 3 月，南沙从万顷沙人民公社析出，单独成立南沙人民公社，长沙、义沙隶属番禺县大岗公社。1972 年 10 月，新造、潭州人民公社的 8 个渔业大队迁到万顷沙尾，组建新垦渔业公社。1975 年 1 月，番禺县正式改属广州市管辖。1978
年，大岗公社析出前进、义沙等 5 个生产大队，万顷沙人民公社
析出冯马一、东升等 8 个生产队正式组建横沥人民公社。1978 年
6 月，广东省国营珠江农场改称广东省珠江华侨农场。

南沙地区在东莞、珠海、中山、番禺等地的管辖下全面探索
发展。

在土地改革运动中，一是进行土地改革的试点，番禺选定 6
个村，1656 户 7253 人，9031 亩耕地面积为试点，通过举办土地
改革试点培训班，将新中国成立后及时没收的地主的土地，全部
按规定分给贫农、雇农、下中农。二是开展第一批土地改革运动，
通过试点积累的做法和经验，深入到市桥、灵山等 18 个重点乡，
选定第一批次的乡村，推进土地改革运动。三是 1952 年夏季土地
改革运动达到高潮，番禺组成 1773 人的土地改革工作队伍，在
132 个乡 42 万人口中开展土地改革运动。历时 100 天，至 1953 年
3 月土地改革运动基本结束，番禺农户领到了国家颁发的土地所
有证。

至此，番禺地主阶级通过掌握土地这一生产资料，剥削其他
阶级的封建土地所有制彻底宣告结束。土地改革运动的完成，激
发了广大人民群众生产的积极性，这一改革涉及经济、政治、思
想等各个领域，使农村面貌发生了根本性变化，农民的生活得到
了改善，农业生产得到了高速的发展。工农联盟和人民民主专政
进一步得到巩固。

1953 年，中共中央向全国人民提出了党在过渡时期的总路
线。随后，全面学习宣传总路线，绘制和实施第一个五年计划，
逐步实现国家的社会主义工业化，逐步对农业、手工业和资本主
义工商业的社会主义改造，开展了大规模的、有计划的社会主义
经济建设。

这一时期，政府因势利导在农业生产中提倡农村互助合作，建立互助组。互助组在深耕多耕、增施肥料上积极探索，总结经验，耕作技术有不同程度的改进和提高，不少互助组出现了高产纪录。互助合作组织逐渐由小到大，由少到多，从低级到高级，从临时到常年，政府又鼓励农民以土地及各自的耕牛、农具作价入股，在常年互助组的基础上成立合作社，引导农民走"组织起来"的合作化道路。

榄核乡新涌村杜金洪等 17 户农民创办的互助组率先响应，建立起当时全番禺县第一个初级农业合作社。合作社的纯收益年终结算，各人按入社股份及劳动工分以 4:6 比例分红。

在发展农业、手工业合作社的过程中，番禺采取积极领导、稳步前进的方法，在组织形式上先成立手工业生产小组，然后成立手工业供销生产合作社，最后成立生产合作社。

20 世纪 60 年代初期，农村互助组挖河泥肥，提高土地肥效。

在实施步骤上，从供销入手，实行生产改造，由小到大，由低级到高级地循序推进。1956 年 1 月，番禺各地根据中央《关于农业合作化问题的决议》精神，先后召开了高级农业合作社试点会议，各区、各乡及早规划并社扩社，尽快落实各村初级农业合作社向高级农业合作社过渡。至当年 6 月止，番禺各村都建立起以集体所有制为主体的高级农业合作社。从此，农村土地个人所有制彻底被集体所有制取代。同时，在奖励政策的鼓舞下，开展了乡与乡、村与村、组与组，甚至户与户的农业增产活动，农民收入有所增加。

摸索前进中的南沙建设

　　中华人民共和国成立后，南沙自力更生，艰苦创业，一步一个脚印，稳步推进地方发展，全面建设社会主义，大力发展国民经济。

　　1956年党的八大召开，大会作出了党和国家的工作重点必须转移到社会主义建设上来的重大战略决策。在此政策之下，南沙人民积极探索，艰苦创业，纠正工作中的"左"的错误，南沙在工业、农业、文化、教育、卫生等各项事业中登上了一个新的台阶，奠定了社会主义现代化建设的坚实基础。

　　此期间，番禺县委提出了大兴水利建设、大打肥料硬仗、改革耕作制度、选育优良品种、与病虫灾害作斗争、推进机械化进程、推广科学技术等多项生产措施，带领人民努力付诸实施。同时，县委还通过兴办师专、完全中学、医学与农业中等专业技术学校以及以扫盲为主的各类业余学校，实现人人有书读，提高人民文化层次，还对普及农村文化宣传、影戏放映网、医疗卫生保健、科技普及等工程，提出了具体规划指标和实施办法。

　　番禺各公社成立了科研小组和科普工作组。县科普组织培养发展会员，对群众进行农业生产知识辅导，在农业植保、科技改良、土壤肥料、农具改革、畜牧防病、果树栽植等方面发挥了积极作用，为农业生产提供了一定的技术支撑。

　　同时，加强扫盲识字教育，掀起了"扫盲热"，"全民教"

"万人学"蔚然成风。兴办公社文化馆、民办文化站、图书馆、电影队、剧团，普及广播，社会公共事业有了一定发展，人民精神文化生活有了提高。广大社员群众在家门口就可听到广播，看到电影或戏剧。为达到卫生的要求，又提出四年内除尽"四害"，奋战五年消灭危害人民健康的地方传染病。通过扎实开展医护工作，当地基本消灭了丝虫病、黑热病，并集中收治麻风病人等。

这一系列讲卫生、除"四害"、兴医疗、搞防疫的行动，对改变城、镇、村环境卫生，减少疾病发生，医治患者疾病，保护人民身体健康，增强劳动力，促进工农业生产，起了良好的作用。

1958 年，黄阁、万顷沙、大岗等人民公社，同其他地方的人民公社一样，在农业、工业和其他各领域开展了"大跃进"和人民公社化运动，广大干部群众热情高涨地投入运动。这虽然反映了人民求强求富的强烈愿望，但由于决策的失误和执行过程中发生的偏差，经济建设和社会发展虽取得一定成就，但没有达到预期效果。

从 1959 年初春开始，各地开始倡导落实"三个纠偏"。一是思想纠偏。对社员入社前投入的资金、农具、劳日等成本进行公示，既进行"一心为公"的集体主义教育，又让群众吃上集体亏欠必还的"定心丸"。二是管理纠偏。实行统一规划，按公社、大队、生产队分级管理与分工负责相结合的办法，抓好生产经营管理，并以生产队为基本生产单位（相对固定劳动力），划分作业区，建立专业组，实行定面积、定产量、定指标、定投工、定成本的"五定"办法，制定劳动定额，登记出勤，实行检查评比和奖励等一系列新的考核制度。三是分配原则纠偏。在公社内部体现"多劳多得"原则，对增产多、贡献大的生产队，公社抽出一定比例实行按劳分配，体现奖勤罚懒，充分调动农民积极性。全县各公社经过当年春季纠偏整顿，思想、管理、分配中暴露出来的种种问题得到一定遏制。

经历了 1958 年到 1960 年三年"大跃进"的挫折，又经受了 1959 年到 1961 年三年严重困难，南沙、黄阁、东涌、万顷沙、横沥、大岗、榄核等各地从 1961 年开始，坚决贯彻执行党中央调整方针和省委、市委、县委一系列指示精神，一方面系统地总结了"大跃进"、大炼钢铁等运动的教训，澄清了长期以来一直困扰人们的"左"的错误思想，进一步精简职工、压缩城镇人口、缩短基本建设战线、增大对农业基建的投入、调整工业布局和文教卫生系统等，逐步改变了工农业生产发展面貌；另一方面抓紧对工业的所有制结构、社队企业结构、产品结构和行业结构进行改造和升级，重新制订工业生产和交通运输工作规划，在新建和扩建化肥厂、糖厂和农机企业的同时，狠抓县城工业和社队工业的发展，使各项工作取得了实质性的进展，国民经济得到一定的恢复和发展。

与此同时，渔业亦有了更大幅度的发展，全县农副工业的经济结构逐步趋于合理。1963 年后的几年中，农业得到稳步发展。一方面当地坚持重视农业，在抓人民的吃、穿、用的方面下功夫，大力压缩基本建设规模，放缓工业投入速度，加强农业生产第一线建设。如此一来，社员收入显著提高，吃、穿、住、行、用的生活条件逐步好转，城镇职工工资收入有所增加，有的还有余粮，不仅一日三餐的伙食大有改进，还在添置新衣、置办家具、新建住房等方面有了新的发展。另一方面，人们的文化娱乐生活和医疗卫生条件亦有了很大改善，群众物质生活、文化生活和精神生活得到了基本保证和提高。此期间大搞基础设施建设，整治网状河道，取得明显进展，也对输沙量大、潮差小、潮流弱的蕉门和洪奇门水道投入人力、物力整治，使这些危及人民群众生命安全的隐患得到了消除。这期间建设起来的一些农业基础设施、基础项目和创办的企业，对国民经济的发展发挥了积极的作用。其间人民群众通过自力更生和艰苦奋斗，努力改变贫穷的面貌，这种精神至今仍在激励着后来人。

60 年代，南沙还加强党的思想建设和提高群众的政治思想觉悟，开展了学习毛泽东著作、学习焦裕禄、学习雷锋、学习解放军的活动，形成了良好的社会风气，增强了人民克服各种困难的信心和勇气。

1966—1976 年十年"文革"期间，南沙地区的各项事业均受到一定的影响，社会和经济方面在曲折中发展。

第三节

改革开放初期的南沙经济

1978 年中共十一届三中全会召开，全国迎来了改革开放的春天。南沙的农村经济政策揭开了改革的序幕。南沙、黄阁、万顷沙、横沥、大岗、榄核等公社、大队响应改革开放政策，尊重生产队自主权，实行种植不强制性规划、因地种植农作物的方针；取消不准农民搞家庭副业和不准农民自销多余产品的禁令；恢复家庭副业，开放集市或赶圩贸易；支持农民采取包产到组的形式经营土地；鼓励发展多种经营；等等。

其中，一些生产队划分作业组，定劳力、定质量、定工分、定田块，实行多劳多得、超产奖励的生产责任制，纠正按人头、年龄、出身成分、政治表现评工记分的做法；停止"一平二调"，减轻农民负担，做到分配兑现，允许对农作物采取定额管理、包工到作业组的做法；实行粮食分配兼顾国家、集体和个人利益；把一些荒地承包给社员种植等。这些政策和举措有效地调动了广大农民的生产积极性。

在调整经济建设方面，加强国民经济的薄弱环节建设。大力发展农业，力争夺取粮食和油、蔗等经济作物全面丰收。针对 1965 年后的农业，特别是粮食生产发展缓慢、经济作物减产较多，影响人民生活和工业及其他事业发展速度的状况，当地政府把农业放在国民经济发展的第一位，大搞农田基本建设，以治水、改土、增肥为重心，进行山水田林路综合治理。

从生产措施方面来说，水、肥料、种子、布局、科学种田是农业产量提高的关键。各个乡村坚持在增产措施上下硬功夫，分别成立农田基本建设专业队，大搞样板片的配套工程；坚持专业队伍和群众运动相结合，大搞小型农田水利。同时，大力发展养猪、养鱼、养禽，出台社员养猪和出售肥猪奖励饲料粮的政策，调动养猪积肥的积极性；发扬自力更生精神，向大自然要肥，施肥水平较以前有大幅度提高。

在农村以按劳分配为主的政策推动下，工业改革也有开展。工业系统的生产如化肥、水泥、农船、农房构件、渔业用具等产量也有了显著增加。交通运输客运、货运、水运都有了不同程度的发展。这些工业的进步为支援农业作出了积极的贡献。

在粮食油料加工方面，酱醋、酱货、糕点等生产和加工厂，先后建成，为群众的生活提供方便。就医等民生工程相继完善，赤脚医生再培训，送医疗下村到户，使重点防治常见病、多发病的综合能力和治愈率得到提高。其他教育设施、出行、技术革新项目等也得到了发展。

为加强党对农村工作的领导，番禺县委成立农村工作部，县委委员梁伟苏兼任部长，贺荫杰任副部长。在农村工作部的部署下，工业生产单位和各部门加强对农业的支持，使农业生产条件得到改善，促使粮食、经济作物和林、牧、副、渔业都有新发展。同时，番禺县落实中央在经济政策领域所作的相关调整，逐步开放商品市场，全面取消蔬菜购销牌价，转为市场调节。开放农村粮食市场，允许社员在指定的粮食交易所买卖粮食。1978年，中央规定"在完成国家粮食征购任务后，允许社员通过集市进行少量粮食、油料等买卖，粮食部门也可以议价收购和出售"。为此，全县恢复了县粮油货栈的议价购销经营。各粮管所同时设立粮油货栈，开展议购议销、代购代销、代储代运等业务。

南沙、黄阁、东涌、龙穴、万顷沙、横沥、珠江管理区、大岗、榄核等地先后提出一些整顿经济工作的措施：一方面，加强计划管理。认真安排轻工市场和人民生活，改善市场的供应，搞好外贸的发展规划，特别是建立出口产品生产基地的规划。要求企业必须搞好综合平衡和产供销衔接。压缩基本建设规模，任何地方、部门和单位都不准擅自开展计划外基建项目、扩大建设规模和变更建设标准。另一方面，着力整顿企业。整顿企业领导班子，加强职工队伍建设，建立和健全企业的各项管理制度，重点是实行严格的岗位责任制，实行业务、技术考核制度。恢复和发展生产，狠抓产品质量，大搞挖潜、革新、改造。加强经济核算，争取扭亏为盈。同时，认真总结计时工资加综合奖金制度的经验。

改革开放初期，经过一系列的经济调整工作，南沙各地的形势逐步好转：工农业生产稳定上升，城乡的社会秩序和生产秩序越来越好，商业、外贸等也有所发展，人民生活有了一定的改善。尤其是通过整顿企业，国民经济得到较快的恢复，为南沙改革开放的深入开展奠定一定的思想和物质基础。

7

第七章

强区筑梦　潮涌南沙

第一节 全面推进南沙开发建设

一、南沙经济技术开发区的设立

1978 年中共十一届三中全会之后，南沙的发展一直紧随着国家改革开放的步伐，并取得快速的发展。

南沙毗邻港澳，当时番禺籍的中国港澳、海外乡亲达 40 万人，南沙隶属番禺管辖，因其地缘关系，不少有着浓厚爱国爱乡情怀的港、澳乡亲尤其是香港人士通过莲花山、南沙等水上通道进入番禺。当时番禺县积极联系海外同胞，组织恳亲大会，颁授"荣誉市民"，争取港、澳客商回乡参与经济建设。是时，海外同胞也响应家乡招商引资号召，前来寻求发展机会。霍英东、何贤等爱国知名人士及大批海外同胞纷纷回乡投资建厂，捐物捐资，建校建桥，帮助南沙乃至番禺进行基础设施建设和开展敬老助教等社会公益事业。

香港著名实业家霍英东率先与番禺县合作，在南沙东部进行开发，迈开了南沙走向现代化建设的第一步。

1988 年 4 月，综合开发南沙和沙窖地区第一次筹备会议在香港中华商会会址举行。霍英东基金会、恒基兆业地产有限公司、粤海企业集团有限公司与番禺县政府联合组成联合开发公司，着手进行可行性研究，先后组织华南理工大学、交通部第四航务局工程勘测设计院、中山大学管理学院和地理系、西班牙著名的城市规划专家等，对南沙新城进行科学、完善的总体规划。

为了加快对南沙的开发进程，广东省、广州市、番禺县主要领导分别到南沙指导工作，进行深入研讨，研究科学规划和开发的一系列方案或措施。

1990 年 6 月 22 日，广东省、广州市确定南沙为重点对外开放区域和重点开发区，批准成立由番禺县人民政府管理的南沙经济区管理委员会。番禺于 1992 年 5 月 20 日撤县改市，随后南沙经济区与南沙镇合并，成立中共番禺市南沙经济开发区委员会、番禺市南沙经济开发区管理委员会和番禺市南沙经济开发总公司。

1991 年广州市《加快开发南沙经济区的十五项优惠政策》和《关于对南沙经济区简政放权的若干规定》出台。

1992 年，国务院同意开放南沙港为对外通商口岸。同时，南沙被列为 20 世纪 90 年代广东省扩大开放的三个重点区域之一。

1993 年 5 月 12 日，国务院批复广东省人民政府，同意设立广州南沙经济技术开发区。开发区位于广州市最南端珠江出伶仃洋虎门水道的西岸，即原番禺区南沙镇之内的部分区域，面积 9.9 平方公里，东以南沙金沙路、金珠路、合成桥、金岭路为界；南以大岭村为界；西以蕉门水道、蕉门河为界；北以小虎沥为界。当时南沙镇辖区内有 15 个管理村（农村）、200 多家三资企业，总人口 7 万多人。

为了顺利推进南沙开发建设，1993 年 7 月 8 日，中共广州南沙经济技术开发区委员会、广州南沙经济技术开发区管理委员会挂牌。1997 年 9 月 22 日，广州市人民政府颁布实施了《广州南沙经济技术开发区总体规划》。

该规划确立广州南沙经济技术开发区"以港口码头为中心，交通运输、工业加工和旅游服务齐发展，功能齐全、布局合理、环境优美、文明发达、面向世界的综合性的现代化海滨新城"的目标；明确走"依靠科技进步，以现代工业为主导，同步发展第三产业"的开发建设思路；确立开发建设完善基础设施、初具海滨新城规模和建设现代化海滨新城"三步走"的发展战略；强调要"高起点规划、高标准建设、高效能管理"和"边规划、边招商、边建设、边见效"的原则，以不断地加快南沙的开发进程。同时密切与霍英东基金会的合作，不断开拓南沙开发建设新局面。

从这个时候开始，南沙的价值初步被认知，前期工作的成效逐步显现，尤其是南沙与霍英东基金会密切合作取得成效产生的示范带动效应，增强了港澳同胞投资家乡的热情和信心，加速了南沙经济技术开发区向更高层次提升。

1991 年 5 月，霍英东基金会投资建成的虎门过海轮渡通航。南沙过去处于交通的"死角"，交通不便的情况随着虎门过海轮渡通航而一去不复返。虎门轮渡码头每日车流量有过万车次，当年经南沙而过成了珠江三角洲东西部运输的捷径，西岸一大片（南沙、番禺、顺德等）货物进出香港，再也无须绕道广州多跑160 多公里。1992 年 3 月，南沙至香港客运码头建成运营，从此由南沙乘船到香港只需一小时二十分钟。

1996 年至 2005 年南沙启动东部新城和西部工业区、南部行政文化区建设。这期间，东部按海滨新城的规划，建成一批第三产业项目；西部按高新科技产业和现代化加工工业区的定位，引进美国通用塑料、德国巴斯夫化工、日本名幸电子等项目；南部则建成行政文化区。

南沙新城在霍英东基金会全力投资建设的基础上，一系列建筑群拔地而起，构成南沙新城的东部亮丽风景。南沙高尔夫球场、天后宫、水乡一条街、国际蒲洲花园、咨询科技园、南沙大酒店、香港中华总商会大厦、会展中心、科学馆、英东中学等一批项目先后竣工，为后来的大南沙开发打下良好基础。

二、广东省南沙开发建设现场会召开

2002年4月28—29日，广东省委、省政府召开第一次南沙开发建设现场会。这次会议的目的是总结国务院正式批准设立南沙经济技术开发区十年来取得的成绩，研究进一步搞好广州南沙地区的规划建设，加快开发步伐，促进广州经济发展，增强珠江三角洲国际竞争力等有关问题。广东省、广州市主要领导，省直和广州市直有关单位主要负责同志，以及深圳、东莞、中山市有关负责同志参加了这次高规格的现场会。

省委现场会充分肯定广州市在推进南沙开发建设中所作的努力和所取得的成绩：各项重大目标任务相继完成，开发建设取得了历史性成就；综合实力显著增长，城市功能明显增强，民生福祉明显改善，在一片滩涂上建起了初具规模的国家级临港经济功能区，宜业宜居的现代化滨海新城英姿初现。现场会认为经过近十年的开发建设，南沙地区的工业、基础设施等建设已打下一定基础，城市建设初具规模，具备吸引各类投资的软硬环境，加快南沙地区开发建设的条件和时机已经成熟；加快南沙地区的开发建设，将有利于广州市加快产业结构的调整，拓展发展空间，提高竞争力，增强中心城市的聚散、辐射带动功能，为经济发展注入新的动力，进而带动整个珠江三角洲的发展。时任中共中央政治局委员、广东省委书记李长春，广东省委副书记、省长卢瑞华分别在会上发表重要讲话。

现场会要求，全省上下要从全局和战略的高度认识加快南沙开发的重要意义。开发南沙，是为广州提供新的发展空间，为广州培育新的经济增长点的重要部署，有利于广州充分发挥自身优势，优化城市布局、产业布局与产业结构。加快南沙开发，有利于进一步发挥和增强广州中心城市的辐射、带动作用；

有利于广州优化生产力空间布局；有利于增强广州的发展后劲；有利于广州进一步扩大对外开放，为应对中国加入世贸组织挑战、抢抓机遇拓展新的空间；有利于增创广东省地缘新优势，增强珠江三角洲乃至全省的国际竞争力；有利于加强粤港澳经济在更高层次上的合作，以适应加入世贸组织以后对外更加开放的新形势；有利于进一步密切和加强珠江三角洲城市群与港澳之间的经济技术合作，对推动珠江三角洲进一步对外开放发挥重要作用。

加快南沙开发的首要问题是解决南沙发展的定位。会议宣布，南沙地区开发的总体构想是：以建设最适宜创业发展和生活居住的现代化滨海新城为目标，以发展现代物流业、临港工业和资讯产业为重点，以现代化基础设施为突破口，以优质社会服务功能为依托，按照"统一规则、分期实施、重点突破、滚动开发"的原则，坚持"产业起步、项目带动"的发展思想，实施"生态优先"战略，高起点规划、高标准建设、高效能管理，把南沙地区建设成为产业布局合理、基础设施配套、自然环境优美的现代化生态型新城区，使之成为人口、资源、环境协调发展的高水平的对外经济技术开发区。

开发建设南沙，就是要增强其国际竞争力，增创地缘新优势。一方面，要大力发展高新技术产业；另一方面，要利用高新技术和先进适用技术改造传统产业，高起点发展一些基础产业。增创地缘新优势，必须发挥以穗、深、港三个中心城市为轴线的珠江三角洲城市群的整体功能，使其成为对外开放的窗口和对国内市场的辐射门户，通过大力发展以现代服务业为突破口的现代流通业来实现。要通过南沙经济技术开发区的发展，调整优化广州的产业结构，提升产业层次和发展水平，培育新的经济增长点；整合珠江三角洲的产业资源，为发挥珠江三角洲的整体优势服务；

加强同港澳台地区的合作，使之成为广东省入世后扩大对外开放新的重要载体，成为最有发展后劲的地区之一。

这次省委现场会启动了大南沙的全面开发建设。

三、广州南沙开发区建设指挥部挂牌

2002 年 8 月 8 日，经广州市委、市政府批准成立的广州南沙开发区建设指挥部正式挂牌，广州南沙开发区建设指挥部为广州市人民政府派出机构，全权负责开发区范围内的规划、用地、开发、建设、管理以及招商引资等工作，具有广州市市级审批管理权限。

广州南沙开发区建设指挥部的主要职责是负责开发区的统一规划与开发建设，以及组织制定实施开发区发展战略；负责开发区范围内的土地开发管理；负责统一安排市有关部门在开发区的规划、建设、管理等有关任务，并协调解决各部门在推进开发区开发建设中出现的问题；负责协调推进开发区的公共基础设施建设，并负责审议重大的开发建设项目；负责开发区税费收入和土地收入的计划统筹安排；负责组织对外招商活动及审批利用外资项目；负责城市管理的协调工作等；承办市政府交办的其他事项。根据职能，指挥部设置办公室、经济发展局、建设局、国土房管分局、规划分局、财政分局 6 个市副局级的职能局（室）。

广州南沙开发区建设指挥部挂牌后，大力推进南沙的建设与开发。一方面是加强基础设施建设，把公共服务设施摆在优先位置，加快了港口码头建设，2004 年底南沙港第一期四个泊位建成投产；拓宽区内道路，建成新龙大桥，开通从广州直通南沙港的南沙港快速路，改善和提升南沙的投资环境。另一方面大力开展招商引资，先后引进一批世界 500 强企业、国内大型央企以及知名企业项目。丰田、电装樱泰、海瑞克、东方电气、中船等项目，

陆续进驻南沙，其中广汽丰田汽车生产项目连同一批汽车零部件企业同步建设，并于 2006 年同步投产，建成了一个生产配套的汽车产业城，并迅速成为南沙的支柱产业。这批项目建设坚持"以人为本，生态优先"工业，废水的排放、废气的排放，都要求达到国际标准，而且是欧洲标准。

同时，南沙以构建创新型产业体系为重点，打造现代产业新高地。强化主导产业引领、龙头企业带动、重大平台依托、产业生态支撑，引导传统产业向价值链高端发展，加快培育创新型产业，建设以生产性服务业为主导的现代产业新高地。一是发展先进制造业，至 2019 年，已建成广汽丰田三条生产线，年产 60 万辆整车，形成千亿级汽车产业集群，预计第四、五条生产线建成后年产能超 100 万辆。正规划建设智能网联汽车产业园，落户规划年产能 100 万辆整车的恒大智能汽车项目，广汽蔚来新能源汽车研发基地、芯聚能第三代半导体、联晶智能 LED 车灯模组、晶圆半导体以及国家级自动驾驶测试基地等全产业链项目加快建设，目标是建成新的千亿级新能源智能网联汽车城。已落户东方电气核电核岛装备、海瑞克盾构机等高端装备制造业，加快建设海尔智能制造中心、北京精雕高端数控机床研发生产基地；龙穴岛造船基地年造船能力 358 万吨，是中国三大造船基地之一。二是发展战略性新兴产业，启动建设庆盛国际人工智能价值创新园区，已落户广州国际人工智能产业研究院、中科院广州智能软件产业研究院、科大讯飞华南人工智能研究院等四大开放平台，集聚包括云从科技、小马智行等"独角兽"在内的 160 多家人工智能企业。截至 2019 年底，人工智能产业规模超 300 亿元。依托国家物联网标识管理公共服务平台、"天河二号"超算中心南沙分中心、亚信集团全球数据总部等机构，集聚发展新一代信息技术、物联网、大数据、云计算等产业。建设国家旅游健康示范基地，广东医谷入驻 129 家生命健康领域企业，王老吉大健康、一品红药业等龙头企业加快发展。三是发展海洋科技产业，落户中科院南海生态环境工程创新研究院、南方海洋科学与工程省实验室等海洋重大科创平台，启动建设深海科技创新中心基地；建设国家级可燃冰总部基地，重点推动可燃冰开采和产业化。四是发展特色金融产业，2019 年底金融和类金融机构 6522 家，持牌法人金融机构（11 家）占广州市 1/5；累计交付融资租赁飞机 134 架，成为华南地区最大的飞机船舶租赁集聚地之一；国际金融论坛（IFF）永久会址已落户。

四、打造世界级枢纽港区

2004 年，南沙港正式开港，充分依托港口核心资源优势，努力建设国际航运中心，提升国际供应链枢纽功能，加快建设国际航运枢纽。

南沙独特的深水港优势，对提升港口生产能力起着重要的作用，主要体现在：一是南沙港区是南中国最大的单体港区，已建成 16 个 15 万吨级集装箱深水泊位，年通过能力超 100 万辆的汽车滚装码头。

二是完善港航基础设施和集疏运体系。南沙港铁路、南沙港区四期、国际物流中心等项目顺利推进，国际邮轮母港 2019 年 11 月投入使用。开通 102 条国际班轮航线、32 条内贸航线和 64 条"穿梭巴士"支线，建成 36 个"无水港"，航线通达全球 200 多个港口和城市。

三是集聚发展航运服务业。2019 年有航运物流企业 7818 家，国际分拨中心投入运营，安利、雀巢、马士基等企业进驻。广州航交所发展成为华南规模最大的航运交易平台，落户首艘登记为"广东南沙"船籍的港船舶，成立海上丝绸之路国际海员中心和国际海员外派基地。

四是持续壮大外贸新业态。仅 2018 年跨境电商保税网购进口增长 37.6%（98.7 亿元），占全国 1/5；汽车平行进口 1.4 万辆，成为全国平行进口汽车第二大口岸；邮轮出入境旅客增长 19.3%（48 万人次），居全国第三；成为亚太地区最大工程塑料集散地。

行政建置与推行改革

一、南沙行政区、国家级新区、自贸区相继成立

2005 年 4 月，南沙成立广州市属行政区。2012 年 9 月，南沙获批为国家新区。2014 年 12 月获批为中国（广东）自由贸易试验区南沙片区，2015 年 4 月正式挂牌。

南沙根据授权行使市级人民政府的项目审批、经济协调与管理等职能，具体负责开发区的产业和区域发展规划、招商引资、经济贸易和开发区的基础设施建设等事务。自贸区南沙片区承担省政府、市政府赋予的项目审批和经济管理职能，肩负促进贸易、投资便利化、全面深化改革、推进体制机制创新的重要职责。行政区以管理和服务为主，主要突出社会管理、公共服务职能。

因南沙新区的区域面积与南沙行政区完全重合，2015 年，落实南沙新区的各项任务分别由广州南沙开发区（自贸区南沙片区）、南沙行政区管理机构承担。

管委会设置方面，包括广州南沙经济技术开发区管委会、广州南沙保税港区管理委员会，均为广州市人民政府派出机构，两个管委会实行合署办公（简称为南沙开发区管委会）。自贸区南沙片区管委会也为市政府派出机构，与南沙开发区管委会实行"一个机构，两块牌子"的运作模式。自贸区党工委在南沙开发区党工委挂牌，为中共广州市委派出机构。南沙开发区（自贸区

南沙片区）党工委、管委会共设 23 个工作部门，增设南沙开发区（自贸区南沙片区）创新工作局、人才发展局等管理机构。这样开发区、自贸区、行政区职能区分，在"体制合一"的总体框架下，实行"统一领导、各有侧重、优势互补、协调发展"的管理体制。

在推动南沙发展的政策体系方面上，初步构建了上下合力推动南沙发展的政策体系。

自 2012 年以来，南沙开发建设开始上升为国家战略，国家和省市先后赋予南沙一批支持政策和管理权限，配套出台一批政策措施。比如国家赋予南沙新区《广州南沙新区发展规划》7 大类 30 条、第一次广东前海南沙横琴建设部际联席会议 15 条、金融创新 15 条、海关监管先行先试 16 条、质检总局支持南沙开发建设 21 条、外商投资企业外汇资本金结汇管理方式改革试点、跨境人民币贷款业务试点、将汽车整车进口口岸范围扩大到南沙港区、支持开展粤港澳律师事务所合伙联营试点等政策；赋予南沙自贸试验区《中国（广东）自由贸易试验区总体方案》《进一步深化中国（广东）自由贸易试验区改革开放方案》，自贸试验区外商投资准入特别管理措施（负面清单〔2017 年版〕），交通运输部批复广东南沙作为自贸试验区国际船舶登记船籍港、原则同意广东自贸试验区粤港澳游艇自由行实施方案及支持试点若干海运政策，海关总署支持广东自贸试验区建设 25 条，质检总局支持广东自贸试验区建设 22 条，财政部、海关总署、国家税务总局明确广东自贸试验区有关进口税收政策，人民银行支持自贸试验区"金改 30 条"，工商总局支持广东自贸试验区建设 7 条，公安部支持自贸区建设及创新驱动发展的出入境政策措施 16 项，以及保监会、商务部、文化部、国家认监委等支持自贸试验区建设若干政策。

同时，广东省赋予支持南沙新区开发建设的若干意见 64 条、第一批省级管理权限 41 条；分两批赋予南沙自贸试验区省级管理权限共 66 条，并在知识产权、法律服务业、跨境人民币贷款、外汇管理改革等方面出台了一批实施细则。

还有，广州市赋予支持南沙自贸试验区建设的若干意见 53 条，并赋予南沙自贸试验区 58 项市级管理权限。

在区产业政策上，对标国家级新区、自贸试验区的要求，结合产业发展的定位、需求和现状，在省、市相关部门的指导下，南沙研究制定了 "1 + 1 + 10" 产业政策体系。该产业政策体系由 1 个纲领性文件、1 个产业发展资金管理办法和 10 个产业政策组成，对总部经济、科技创新、航运物流、金融服务等重点产业以及人才、用地、项目引荐等产业促进要素设置了全面的政策扶持，并围绕人工智能、旅游、邮轮、外贸综合服务出台了专项政策。一方面，既涵盖南沙重点发展产业领域发展，又在要素供给方面为产业发展提供充分保障；另一方面，针对企业落户、增资、研发、经营、上市等不同发展阶段，设置奖励、补贴或股权投资等政策扶持，为企业提供全生命周期服务。

为推动区政策落地实施，区层面搭建政策文件—实施细则—奖励事项办事指南的政策兑现链，印发政策兑现工作方案 "统一兑现流程与时限"，搭建政策兑现系统并设立专窗实现政策咨询和兑现 "一口受理"。

二、投资便利化的改革

2015 年，南沙发布了国内首个自贸区制度创新地方规范性文件——《广州南沙开发区（自贸区南沙片区）制度创新促进试行办法》，首次从政府层面提出制度创新的定义、主体和涵盖领域，以促进创新、推动创新协同和创新集成为目标，从机制、体制上为南沙打造创新高地提供强大动力。聚焦贸易、投资、金融、政府监管重点领域和关键环节，及时总结创新经验，推出十大制度创新成果，包括打造全国领先的"零跑动＋即刻办"政务服务模式、打造快速退税服务新模式、打造跨境电商便利化通关新模式、首创"香港＋保税港区"双SPV跨境飞机转租赁项目等，同时推出30项具有首创性、代表性、可复制推广价值的最佳制度创新案例。具体如下：

一是在全市率先上线"人工智能＋"商事登记系统，实现新办企业营业执照、刻章备案、发票申领等事项一天办结，银行开户两天办结，开办企业环节可比肩全球效率最高的国家和地区。在"证照分离"2.0版改革的基础上，创新推行企业准营办证"一口受理6＋X"模式，实现五十证联办（包括18个许可事项及32个备案事项），准营事项三天办结，企业准营便利度走在前列。

二是加大贸易便利化改革。南沙发挥港航资源集聚优势，推出148项口岸改革创新举措，上线国际贸易"单一窗口"，货物、运输工具和舱单申报使用率均达100%。建设"线上海关"样板间，实现企业"足不出门"和"全天候"办理货物通关、邮件通关、物品通关、加工贸易、政务服务等领域超过300项海关通关业务，企业办事效率提高80%以上。率先建立进出口商品全球质量溯源体系，上线全球首个报关系统，推进国际优品分拨中心建设，打造全国领先的跨境电商"南沙模式"，优化粤港跨境货栈，试行粤澳跨境电商直通车，全国首创"船舶载运危险货物比对快速通关系统"，集装箱通关审单从1小时缩短到5分钟。打造智能通关系统，实现邮轮旅客秒通关。

三是"放管服"改革成"一站式"综合服务。以企业、群众需求为导向，出台十项政务服务管理改革措施，实现343项事项

"即刻办"、1202 项事项办理"零跑动"。试点企业投资建设工程项目审批改革，从取得用地到拿到施工许可证最快 15 个工作日完成。试行项目用地带规划设计方案出让，实现"交地即开工"，丰泰项目成功试点并顺利开工建设，3 个项目稳步推进。启用全国首个"身份证网证"微信政务应用，创新聚焦线上"身份校验"，实现警务政务服务流程再造。借鉴全球领先的香港警务模式，推行新警务管理体制改革，各项改革措施 2019 年在南沙全域铺开。印发财政投资建设项目管理体制改革方案，税务"放管服"改革取得新突破，行政管理服务效能显著提升。成立全国首个"大湾区国际人才一站式服务窗口"，为各类国际高层次人才在工作、户籍、教育、工商注册等 20 个方面共计 93 项服务事项提供"一站式"综合服务。

四是深入推进金融开放创新。打造粤港澳金融合作新机制，引入 CEPA 框架下第二家港资银行——东亚银行广东自贸试验区南沙支行，设立南沙第二家中外合资股权投资管理企业——广俊粤港澳产业投资基金管理（广州）有限公司。全面建设粤港澳人才合作示范区，出台对港澳籍人才专项扶持奖励政策，发挥粤港澳青年创新工场、"创汇谷"粤港澳青年文创社区平台作用，为港澳青年创业投资企业提供直通车服务，开通港澳中小企业专属网页等服务。加强与"一带一路"沿线国家和地区交流与合作，中交产投、中铁隧等央企积极参与印度尼西亚、埃塞俄比亚、新加坡等一带一路沿线国家轨道交通、产业园区及矿产资源等项目的开发建设。积极参与中英、中荷海关关际合作，与 44 个国际港口建立友好合作关系。注册落户丝路产业与金融国际联盟，境外投资"一站式"综合服务平台进一步优化。

在完善国际化法律服务体系上，推动自贸区法院创新发展，打造商事纠纷解决司法机制示范区。在全国率先上线应用商事多元调解平台 App，率先建立虚假诉讼失信人制度，在全国首创"属实申述""社会服务令"改革举措，成立全国首家驻口岸知识产权纠纷调处中心，在全省率先探索建立集群注册企业实际经营地址信息共享机制。自贸区法院获评 2018 年度"全国优秀法院"。设立广州海事法院巡回法庭、全国首个自贸区劳动人事争议仲裁委（仲裁院）。获批全省首批合作制公证处改革试点，全市率先推出"智慧公证"线上平台。成立全市首家跨境电子商务行业人民调解委员会、全市首批律师调解中心、全省首家贸促商事调委会，开展涉及知识产权的纠纷调解工作。同时，研究制定粤港澳大湾区（南沙）法治建设评价指标，"一带一路"法律服务集聚区揭牌，成为入驻粤港澳大湾区仲裁联盟等首批服务单位。

建设现代国际化滨海新城，融入粤港澳大湾区

一、推进城市规划建设，优化营商环境

2019年4月25日至26日，第五次国家级新区工作经验交流会暨新区工作推动会在广州南沙新区召开。作为全国第六个、华南地区首个国家级新区的南沙新区，这些年来坚持协同推进国家级新区、自贸试验区、粤港澳大湾区建设，初步形成高质量发展态势：南沙新区从滨海滩涂上拔地而起、茁壮成长，城乡面貌发生巨变，载体功能全面提升，高质量产业集群集聚，对外开放门户枢纽功能不断增强，教育医疗等民生工程不断提升，南沙正朝着绿色智慧宜居的现代国际化滨海新城迈进。

从2012年9月6日国务院正式批复《广州南沙新区发展规划》，到2019年《粤港澳大湾区发展规划纲要》隆重推出，南沙被确定为粤港澳全面合作示范区，逐步形成国家级新区、自贸试验区、粤港澳全面合作示范区以及承载门户枢纽功能的广州城市副中心的"三区一中心"发展新格局。

随着广深港高铁全线开通、南沙大桥的建成，位于粤港澳大湾区地理几何中心的南沙，通过搭建高铁、城际、地铁、高快速路相互衔接的路网体系，成为促进高端要素流通的重要枢纽。

当前，南沙正高标准推进城市规划建设管理，打造宜居宜业宜游的粤港澳优质生活圈，全面推行城市总设计师制度，引入国

内外一流设计团队，优化提升重点片区规划，蕉门河中心区"城市客厅"功能日益完善，明珠湾起步区落户国际风投中心、国际贸易中心等一批现代产业项目。

南沙自贸区签约一系列推进 21 世纪海上丝绸之路重要枢纽建设项目，涵盖"21 世纪海上丝绸之路和丝绸之路经济带"战略合作平台、航运物流、金融创新、科技创新、总部经济、高端装备制造等多个投资领域。2016 年，全球首款石墨烯电子纸在南沙问世，这一技术将电子纸的性能提升到一个新的高度，也为石墨烯的产业化开创了一个全新的空间，标志着南沙技术创新引领中国在石墨烯应用领域走向世界前沿。

2012 年至 2018 年，南沙新区生产总值年均增长 11.6%，进出口总额年均增长 15.4%。2018 年南沙新增市场主体 4.2 万户，同比增长 58%；新设外资企业增长 3.3 倍。2019 年，企业和资金跑步进入南沙市场，一季度新设企业 11213 家，同比增长 76.5%；实现合同利用外资 49.8 亿美元，同比增长 46.7%；累计引进 143 个世界 500 强企业投资项。一系列数据显示出南沙新区改革创新所取得的显著成效。

在产业发展方面，南沙持续优化营商环境，正在催生一批高质量产业集群。从人工智能、新能源汽车等高科技新兴产业，到依托港口优势蓬勃发展的外贸新业态，现代产业体系构建已初现雏形，新一轮的发展能量正在积蓄，高水平对外开放门户枢纽功能不断增强。

形成千亿级汽车产业集群。南沙已建成年产能 60 万辆整车的广汽丰田项目。规划建设智能网联汽车产业园，落户总投资超 1000 亿元的恒大纯电动车及"三电系统"项目，推进广汽蔚来等项目建设，打造新的千亿级新能源智能网联汽车产业集群。落户东方重机等高端装备制造业，加快建设海尔智能制造中心。

南沙与港澳全面合作逐步深化。香港青年在谈及选择南沙的理由时表示，《粤港澳大湾区发展规划纲要》实施，对香港青年来说是难得的发展机遇，南沙的特殊地位和一流的创新创业环境，将能够吸引更多的香港青年到南沙、到大湾区内地城市创业，开展人文交流和实习实践。

南沙新区还发挥多重国家战略定位叠加优势，以深化与港澳全面合作为重点，构建全方位开放新格局。推动要素便捷自由流动，充分发挥实施 CEPA 先行先试综合示范区优势，首创"粤港跨境货栈"项目，开通粤澳跨境电商直通车；国家超算中心南沙分中心服务拓展至港澳地区。加强科技创新和产业合作，规划建设粤港产业深度合作园、粤澳合作葡语国家产业园，落户香港科技大学霍英东研究院、香港科技大学（广州），创立粤港澳院士专家创新创业联盟。仅 2018 年，南沙新设港澳企业 1504 家（累计 2872 家），投资额 496 亿美元，同比分别增长 7 倍和 6 倍。

二、建设粤港澳全面合作示范区

2019 年 2 月 18 日，中共中央、国务院印发《粤港澳大湾区发展规划纲要》。

中共广东省委对推动自贸试验区和粤港澳大湾区建设提出明确要求，指出南沙自贸片区建设不仅是南沙的大事，更是广州的大事，也是广东的大事，要求广州市把南沙自贸片区建设作为"一把手工程"来抓，将南沙建设成为新时代广东改革开放的新高地。

中共广州市委主持召开中国（广东）自由贸易试验区广州南沙新区片区工作领导小组、广州南沙新区开发建设工作领导小组 2019 年第一次会议暨广州市推进粤港澳大湾区建设领导小组第四次全体会议，强调南沙新区自贸区建设是广州的"一把手工程"，全市上下要以贯彻落实李希书记调研讲话精神为契机，举全市之力高质量建设南沙新区自贸区。

打造粤港澳大湾区、建设世界级城市群的意义，是有利于丰富"一国两制"实践内涵，进一步密切内地与港澳交流合作，为港澳经济社会发展以及港澳同胞到内地发展提供更多机会，保持港澳长期繁荣稳定；有利于贯彻落实新发展理念，深入推进供给侧结构性改革，加快培育发展新动能、实现创新驱动发展，为中国经济创新力和竞争力不断增强提供支撑；有利于进一步深化改革、扩大开放，建立与国际接轨的开放型经济新体制，建设高水平参与国际经济合作新平台；有利于推进"一带一路"建设，通过区域双向开放，构筑丝绸之路经济带和 21 世纪海上丝绸之路对接融汇的重要支撑区。

粤港澳大湾区发展的战略定位是充满活力的世界级城市群，具有全球影响力的国际科技创新中心，"一带一路"建设的重要支撑，内地与港澳深度合作示范区，宜居宜业宜游的优质生活圈。

粤港澳大湾区规划包括香港特别行政区、澳门特别行政区和广东省广州市、深圳市、珠海市、佛山市、惠州市、东莞市、中山市、江门市、肇庆市（以下称珠三角九市），总面积 5.6 万平方公里，2017 年末总人口约 7000 万人，是中国开放程度最高、经济活力最强的区域之一，在国家发展大局中具有重要的战略地位。

国家战略部署粤港澳大湾区明确的发展目标：近期至 2022 年，远期展望到 2035 年。到 2022 年，粤港澳大湾区综合实力显著增强，粤港澳合作更加深入广泛，区域内生发展动力进一步提升，发展活力充沛、创新能力突出、产业结构优化、要素流动顺畅、生态环境优美的国际一流湾区和世界级城市群框架基本形成，使之达到：区域发展更加协调，分工合理、功能互补、错位发展的城市群发展格局基本确立；协同创新环境更加优化，创新要素加快集聚，新兴技术原创能力和科技成果转化能力显著提升；供给侧结构性改革进一步深化，传统产业加快转型升级，新兴产业和制造业核心竞争力不断提升，数字经济迅速增长，金融等现代服务业加快发展；交通、能源、信息、水利等基础设施支撑保障能力进一步增强，城市发展及运营能力进一步提升；绿色、智慧、节能、低碳的生产生活方式和城市建设运营模式初步确立，居民生活更加便利、更加幸福；开放型经济新体制加快构建，粤港澳市场互联互通水平进一步提升，各类资源要素流动更加便捷高效，文化交流活动更加活跃。

远期目标到 2035 年要实现：大湾区形成以创新为主要支撑的经济体系和发展模式，经济实力、科技实力大幅跃升，国际竞争力、影响力进一步增强；大湾区内市场高水平互联互通基本实现，各类资源要素高效便捷流动；区域发展协调性显著增强，对周边地区的引领带动能力进一步提升；人民生活更加富裕；社会文明程度达到新高度，文化软实力显著增强，中华文化影响更加广泛深入，多元文化进一步交流融合；资源节约集约利用水平显著提高，生态环境得到有效保护，宜居宜业宜游的国际一流湾区全面建成。

南沙在粤港澳大湾区建设中，其战略定位为粤港澳全面合作示范区。粤港澳大湾区对南沙发展规划背景、总体要求、空间布局等提出了新的要求，对此南沙发展围绕加快基础设施互联互通、融入粤港澳合作发展平台、融入粤港澳大湾区建设。发展南沙包括紧密合作共同参与"一带一路"建设，建设宜居宜业宜游的优质生活圈，推进生态文明建设，构建具有国际竞争力的现代产业体系，实施规划等一系列新任务。

南沙在粤港澳大湾区发展进程中，突显制度创新优势，全面融入城市综合服务功能：

一是南沙出台中国首个制度创新促进试行办法。截至 2018 年底，累计形成 506 项制度创新成果，其中 42 项在中国复制推广，104 项在广东省复制推广，"金融风险防控平台"等 3 项案例入选商务部"最佳实践案例"。中国首创商事登记确认制，企业开办和获得电力便利度全球领先。全球溯源体系在 13 个 APEC 成员贸易体系推广，全球优品分拨中心累计进出口货值达 20 亿元，全球报关服务系统开展实单运营等举措，贸易便利化改革走在前列。

二是"放管服"改革深入推进。政府投资、社会投资工程项目审批时限分别压缩到 70 个、15 个工作日内，"带设计方案"项目实现"交地即开工"，全域综合行政执法改革走在前列，中国首推 5G 政务应用，推出"南沙政务全球通办"，70% 政务服务事项（1283 项）实现"零跑动"，"微警认证"应用到粤省事、粤商通等省数字政府平台，率先全面推行区块链电子发票，实现出口退税 3 日内办结。南沙成为广东省唯一入围首批中国法治政府示范区候选的区（县）级单位，成为大湾区暨"一带一路"法律服务集聚区入驻 30 家法律服务机构，率先试点聘任港澳籍劳动人事争议仲裁员，自贸区法院获评中国优秀法院。同时，自由贸易账户（FT 账户）落地实施，开展大湾区首单跨境飞机转租赁业务。

三是城市综合服务功能有序启动。2019 年编制实施总体城市设计、乡村建设规划，初步完成横沥岛、亭角地区等重点片区规划修编。地铁 18 号线土建工程完成 46%，建成万新大道等市政道路 30 公里，新增 50 公里生态景观廊道，明珠湾大桥等加快建设。明珠湾起步区落户 29 个金融商务总部类项目，涉及投资额 688 亿元，青少年宫、新图书馆和规划展览馆建成。整治提升 10 个村级工业园，金洲冲尾村一年内完成旧村招商、改造方案、动迁及启动建设等工作以及珠宝小镇等连片改造项目动迁。加快补齐公共服务短板，新增幼儿园学位 6500 个、公办中小学学位4710 个，高考升大率首次达 100%；广外附属学校、广州二中南沙天元学校、广大附中南沙实验学校、湾区实验幼儿园等正式招生，新引进湾区实验学校、执信中学（南沙校区）、广雅中学（南沙校区）、美国林肯中学、英国国王学院学校等国际国内知名学校，中山大学附属第一（南沙）医院项目顺利推进，新落户省中医药科学院、广州医科大学附属肿瘤医院（南沙院区）、国际质子治疗中心等高端医疗项目。深入实施乡村振兴战略，成立区属现代农业产业集团，现代渔业产业园入选省级现代农业产业园创建名单，率先在全市实现美丽乡村"全覆盖"。生态人居环境持续改善，三个国考断面全年平均水质达标，完成潭洲滘涌黑臭水体整治。2019 年获评"2019 中国最具幸福感城市"。

第四节 抓住机遇，建设大湾区

南沙正面临着前所未有的发展机遇，国家和省、市对南沙给予高度重视和大力支持。为此南沙全力以赴推进各项重点工作落地，为大湾区建设贡献南沙力量。南沙紧紧抓住建设粤港澳大湾区这个"纲"，着力营造国际一流营商环境。一是建设粤港澳全面合作示范区；二是提升高水平对外开放门户枢纽功能；三是打造现代化产业体系；四是建设现代国际化滨海新城，高标准建设"三区一中心"，打造高质量发展新引擎，推进南沙成为新时代改革开放新高地，让南沙勇当全省实现"四个走在全国前列"的排头兵。

一、南沙大桥通车

2019 年 4 月 2 日，南沙大桥正式开通运行。南沙大桥全长12.89 公里，双向 8 车道，被誉为粤港澳大湾区新"动脉"。作为《粤港澳大湾区发展规划纲要》发布后首个投入使用的"超级工程"和"民生工程"，作为粤港澳大湾区核心区新的重要过江通道，南沙大桥的通车不仅有效缓解了虎门大桥的交通压力，还将原来分散在珠江口东西两岸的机场、港口、高铁站等交通枢纽连为一体。这样，大湾区的交通网络将能更高效地发挥作用，大大促进区域间人流、物流等经济发展要素快速流动，大大降低各创新平台间的通勤成本，为要素资源的高效便捷流动创造条件。

珠江口东西两岸地区共规划建设 6 条公路通道。珠江黄埔大桥、虎门大桥、港珠澳大桥、南沙大桥等 4 条已经建成通车，深中通道、莲花山通道等重点工程加快推进，这些重要通道与纵向的广深高速、广深沿江高速、广珠东线、广珠西线等"黄金通道"一起，织起大湾区的"梯形状"快速通道。南沙港铁路龙穴南水道特大桥合龙，庆盛高铁站、南沙客运港班次加密，大湾区"半小时交通圈"加快构建。

二、突显国际航运枢纽功能

2019 年，新开通 8 条外贸集装箱航线（共 105 条），南沙港区四期自动化码头加快建设，南沙港区实现集装箱吞吐量 1684.85 万标箱，增长 7.4%，商品车吞吐量 113 万辆，增长 12.7%。作为全国最大的国际邮轮母港也开港运营，邮轮出入境旅客 44.2 万人次，居全国第三。水上运输业货运周转量占全国 18%，居全国第二。

同时，新增航运物流企业 1952 家（累计 8675 家），完成 10 艘中资方便旗船舶回归登记，上线运行全国首个线上航运保险要素交易平台，航运交易所完成 706 艘船舶交易、交易额 26.75 亿元。外贸新业态持续壮大，跨境电商网购保税进口货值 144.3 亿元，增长 46.2%。保税物流进出口 480.8 亿元，增长 24.3%。平行进口汽车实现整车进口超过 1 万辆，居全国第二，首创汽车平行进口"保税＋会展"新模式，率先推出二手车出口业务。创新开展艺术品文化保税展示业务。

三、部署重点工程建设

2019 年 5 月 24 日，南沙区（开发区、自贸区南沙片区）召开重点建设工程工作推进会，部署南沙区一系列重点建设项目，包括港口、轨道交通、高快速路、市政基础设施、电力设施及公共服务设施项目等。总投资达 5770 亿元，共 940 项基础项目工程。

根据《南沙综合交通枢纽规划》，南沙同时加快推进地铁 18号线和 22 号线建设，推动将地铁 15 号线首期、22 号线南段、18号线南延线以及 NS2 线首期纳入广州新一轮轨道交通建设规划。拓展"穿梭巴士"支线和无水港建设，新增国际班轮航线 8 条，力争扩大南沙港区集装箱和商品车吞吐量。

深茂铁路南沙段、广中珠澳高铁、赣深客专南沙支线等项目，逐步落实开工建设。

四、开展粤港澳全面深度合作

在粤港澳全面深度合作方面，南沙将加快推动南沙湾、庆盛枢纽、南沙枢纽三大片区联动发展，重点在教育医疗、科技创新、青年创业就业、专业服务等领域加强合作。同时，规划建设粤澳合作葡语国家产业园，推动澳门自由港在内地延伸，共建国际经贸投资合作新平台。

庆盛科技创新产业基地、国际人工智能价值创新园区、万顷沙智能网联汽车产业园、国际金融岛、国家级自动驾驶测试基地和智慧交通示范区等一系列平台项目也将同步实施建设。

编制实施首批 26 条与港澳规则衔接工作清单，推出 342 项"湾区通办"事项，设立大湾区国际人才"一站式"服务窗口，建立全国首个常态化粤港澳规则对接平台，出台港澳专业人才资格认可十项措施和支持港澳青年创新创业实施办法。

落户粤港澳院士专家创新创业联盟和广州首家粤港澳联营律师事务所，粤港澳（国际）青年创新工场、"创汇谷"入驻 215个港澳青创团队，与澳门姊妹学校缔结，实现零突破，与深圳前海签订深化合作协议。创新型产业体系加快构建。

五、南沙国际邮轮母港开港

2019年11月17日，全国规模最大的广州南沙国际邮轮母港启用，填补了广州邮轮基础设施空白，标志着广州国际邮轮产业发展步入新阶段。新母港将为广州、广东乃至整个华南地区居民的邮轮旅游提供良好的硬件支持和服务体验，也将强化广州国际航运枢纽功能，提升综合性门户城市引领作用。

新国际邮轮母港可停靠目前世界上最大的邮轮，年设计通过能力达75万人次，项目位于地铁4号线南沙客运港站出口，是国内第一家实现与地铁无缝接驳的邮轮母港。

口岸查验通道数量位居国内前列。配合多种当时国内和国际上先进的智能化、科技化的查验设备，可大大提高旅客的通关效率。出发大厅内，80个办理柜台依次排开，将满足出发大厅所需的邮轮办票及其他服务的功能需求。

2019年，广东、福建、江西、广西、海南、湖南、四川、云南、贵州9个省（自治区），及香港和澳门两个特别行政区在内的11个地区旅游资源可逐步通过"路、水、铁、空"等交通方式聚集到广州，区域内人员交流往来的时空距离进一步拉近。作为广州首个邮轮码头，南沙国际邮轮母港自2016年常态化运营以来，已接待国际邮轮398艘次，共计接待国际邮轮旅客量160.3万人次，年均增幅21.5%，是全国增速最快的邮轮码头。广州南沙国际邮轮母港的运营，是服务居民旅游需求的又一个重要举措。

六、搭建综合服务基地和国际交流平台

加快香港科技大学（广州）建设，探索产学研一体化的新型办学模式。加快推进交通枢纽综合体等项目建设。规划建设粤澳

合作葡语国家产业园。探索"零关税、零壁垒"模式，推动建设穗港澳国际健康产业城庆盛园区。创新区域合作体制机制，深化与前海全方位合作，谋划建设广深产业合作园区，共建粤港澳合作发展核心平台。加强与顺德、南海、东莞滨海湾新区、翠亨等周边地区合作。携手港澳建设中国企业"走出去"综合服务基地和国际交流平台，更好地服务"一带一路"建设。

七、重大科创和产业项目落地

深度参与广深港澳科技创新走廊建设，积极推动广州南沙科学城纳入综合性国家科学中心，推进中科院广州明珠科学园建设，推进国家级可燃冰科研总部基地、南方海洋科学与工程省实验室、中科院南海生态环境工程创新研究院、冷泉生态系统大科学装置等项目。推进广汽丰田第四生产线加快建设、第五生产线动工，恒大纯电动汽车也全面投产。高标准建设国际金融岛，加快推进大湾区国际商业银行、广州期货交易所筹建，推进国际金融论坛（IFF）永久会址、汇丰全球培训基地、国际风险投资中心、粤财控股金融总部等重点平台项目建设。

第五节　新时代党建工作统领新征程

党政军民学，东西南北中，党是领导一切的。中国共产党带领人民进行艰苦卓绝的奋斗，不断探索新中国前进的道路，提出一系列治国理政的理念、思想、战略，开创了党和国家事业发展一个又一个的新局面。

1926 年 5 月，番禺沙田地区第一个农村共产党支部榄核党支部成立，党组织就在榄核地区开展更为具体的革命活动。南沙的革命和建设，从土地革命战争、抗日战争、解放战争、中华人民共和国成立后的社会主义建设、改革开放，到今天走进新时代，每一阶段都紧紧依靠党的坚强领导，每一阶段都围绕着党的中心工作展开，每一阶段都涌现出听党话、跟党走、为初心和使命而奋斗的先进典型。

从榄核革命老区镇到今天的国家级新区、自贸试验区、粤港澳合作示范区和广州城市副中心，中国共产党带领南沙披荆斩棘、持续奋斗，取得了革命和建设的胜利。

不忘初心，牢记使命。新时代赋予新使命，新使命呼唤新作为。南沙坚持以习近平新时代中国特色社会主义思想为指导，立足实际、因地制宜，积极探索党建工作经验，推动农村、社区、机关、国企和"两新"组织各领域党的建设全面上水平、全面过硬，强化党管干部、党管人才工作，以党建"红色引擎"引领南沙各项事业创新改革，为"三区一中心"建设提供坚强组织保障。

一、坚持党的全面领导，把习近平新时代中国特色社会主义思想作为统揽南沙一切工作的总纲。各级党组织始终坚持以习近平新时代中国特色社会主义思想为指导，深入贯彻落实新时代党的建设总要求和新时代党的组织路线，紧紧围绕南沙"三区一中心"发展定位，坚决落实省委、市委和区委关于加强基层党建三年行动计划的部署，积极落实市委构建"令行禁止，有呼必应"党建引领基层共建共治共享社会治理格局要求，激励南沙广大党员干部勇挑重担、积极担当作为，推动学习贯彻习近平新时代中国特色社会主义思想在南沙落地生根，开花结果。

二、旗帜鲜明讲政治，把党的政治建设摆在首位。严格执行新形势下党内政治生活若干准则，以严肃活泼的党内政治生活为切入口，推动政治生态全面净化。

建章立制力促规范。出台《南沙区关于规范党内政治生活三年行动计划》《关于进一步规范党的组织生活有关事项的通知》和《关于进一步规范区直机关党员领导干部落实双重组织生活制度的通知》，对基层党组织开展党内政治生活作出明确指引。

注重贯彻抓好落地。高标准严要求组织召开"肃清李嘉、万庆良恶劣影响"专题民主生活会和"落实全面从严治党主体责任营造良好政治生态"专题民主生活会，深化理论学习，深入查摆问题，深刻对照检查，实事求是互相批评，狠抓问题整改落实。从基本组织、基本队伍、基本制度抓起，强化党支部标准化建设，严格执行民主评议党员、"三会一课"、谈心谈话、组织生活会等基本制度。带动全区各级党组织和党员牢固树立"四个意识"，坚定"四个自信"，做到"两个维护"，营造风清气正的良好政治生态。

先行先试创新载体。在全省创新实施政治体检常态化制度化工程，围绕贯彻落实上级部署要求、践行群众路线、履职尽责、改进作风等，制定农村、社区、机关、国企、"两新"组织5个领域和党组织、党员2个类别清单，构建一套科学指标体系，引导党员干部"勇担当、真担当、敢担当"。实施"211"闭环流程，党员在年中和年底开展"2"次"体检"，由党组织核定出具"1"份问题提醒通知单、"1"份"体检"报告，"体检"结果作为民主生活会、组织生活会、民主评议党员、年度评优、绩效考核、职务晋升、谈心谈话、星级评定等8个方面的重要参考指标。同时，打造省内第一个党群政治体检中心，总面积约3000平方米，精心设置5个分区，通过可视化、模拟化技术展现党史、国史、改革发展史和南沙开发建设史。

三、打造"1+10+N"基层学习教育平台，围绕习近平新时代中国特色社会主义思想开展形式多样、覆盖面广的党员教育活动。

"1"：发挥区委党校党员教育主阵地作用。严格按党员干部培训实际需求，定期举办任职培训班、入党积极分子和发展对象培训班、村（社区）书记培训示范班等；创新打造"泉湖党史石刻——中共重大历史事件简介"特色党史课，在区委党校"泉湖"环湖布置28块党史教育石开展现场党史教育。

"10"：建设9个镇街党校和1个功夫党校。在全市较早完成9个镇街党校建设，设立村（社区）分教点118个。9个镇（街）的党校建设全部达到"六个100%"建设标准：100%建立由镇（街）党（工）委书记任校长、分管副书记或组织委员任副校长的领导机构；100%完成场地设置和挂牌；100%建立了师资队伍；100%组织开展了培训学习；100%制定体系完备的工作制度；100%把镇街党校纳入经费预算，实现基层党组织书记和党员培训全覆盖。探索把延安精神融入镇街党校教育中，率先在大岗镇试点，建设"南粤延安精神教育基地"。在真功夫集团中建成全市首家区级非公企业党校——功夫党校（区非公企业党建培训基地），先后以沙画、诗朗诵、话剧、小品、演讲等鲜活的形式举办学习活动，通过强化党员理论武装，为企业装上"红色引擎"。

"N"：建设 552 个南沙"三新"讲学所。它是全省首个100%覆盖基层党支部的讲学平台。讲学所以"奋进新时代、开启新征程、实现新作为"为总体思路，各级基层党组织按"每月一讲"打造形式各异、党员群众喜闻乐见的讲学活动，基层党员教育"各点开花"。例如：依托星海故里讲好星海故事，继承和发扬革命先辈在长期斗争中形成的革命传统和优良作风，唱响新时代的《黄河大合唱》；"咸水歌"传唱讲学新风，组建咸水歌传唱队伍，创作了以习近平新时代中国特色社会主义思想为主要内容的作品——《咸水歌唱颂党恩》，并与垃圾分类、廉洁好家风、反邪教、反吸毒、孝老敬亲等民生热点相结合，将其唱进咸水歌中，丰富歌曲互动性和知识性，组织咸水歌兴趣传唱班，组织党员、群众、青少年团员等聆听、学唱、传唱咸水歌；面向粤港澳青年讲学，利用南沙青年创汇谷内全国首个粤港澳青年新思想学习互动分享的"三新"讲学所，用新概念、新形式、新表达展示南沙新形象、传播南沙好声音，使之成为港澳乃至国际社会青年"一天即可全面了解南沙"的窗口。通过开展"基本法课堂"，组织策划"同根同源"朗读大赛、征文、摄影等系列活动，进一步增强港澳青年学生的国家认同和爱国精神；区百民社工党支部"讲学快车"创办"流动讲学"，送出讲学活动。

同时，积极拓展党员学习教育经验，探索建设党旗红学院(区国有企业党员教育示范基地)，打造南沙区国有企业党员政治教育和党建实务培训基地。

四、着力忠诚干净担当和高素质专业化，多措并举强化党员干部人才队伍建设，为南沙实现高质量发展提供人才支撑。

积极打造人才高地。2012 年 10 月，中央人才工作协调小组和广东省分别将广州南沙列为全国人才管理改革试验区、粤港澳人才合作示范区。2019 年 2 月，国务院颁布《粤港澳大湾区发展规划纲要》，明确要求南沙加快创建国际化人才特区。在国家、省、市的高度重视和支持下，南沙人才工作紧紧围绕中心大局，使人才发展赋能"三区一中心"建设提质增效。截至 2020 年 10 月，已集聚院士、国家"海外高层次人才引进计划"专家等高层次人才 67 人，省"珠江计划"团队 4 个，广州市高层次人才及产业发展和创新人才 980 余人，南沙区高端领军和骨干人才 7400 余人。一是坚持党管人才，成立区人才工作领导小组，建立全区各部门人才工作目标责任制和人才工作年度述职制度，将人才工作与党建工作同布置、同述职、同考核，形成人才工作合力。二是强化顶层设计，建立全区人才政策体系，印发《广州南沙新区（自贸片区）集聚人才创新发展的若干措施》《广州南沙新区（自贸片区）关于应对疫情支持人才复工复产八项措施》和南沙人才卡及广州市人才绿卡实施办法等专项人才政策，2019 年全年发放人才奖励补贴 4.4 亿元，共计 10653 人次。三是建设引聚平台载体，设立南沙驻海外人才协同创新中心，推动粤港澳院士专家创新创业联盟在南沙成立，建设粤港澳（国际）青年创新工场和"创汇谷"粤港澳青年文创社区港澳青年人才双创平台，常态化开展"寻访揽才高校行"引才活动，使人才引聚力和承载力有效提升。四是优化人才创新创业服务，建立"共有产权房 + 人才公寓 + 住房补贴"人才住房保障体系，设立"大湾区国际人才一站式服务窗口"，已办理服务事项 18606 人次，发放"广州人才卡"和"南沙人才卡"，为各类人才提供优质公共服务和市场化服务。率先提出全域打造一流"营智环境"，形成营智营商互促互进的良性循环。

加强干部队伍建设。坚决贯彻落实中央和省委、市委关于选人用人工作的要求和部署，严格执行《公务员法》《党政领导干部选拔任用工作条例》《公务员职务与职级并行规定》等法律法规，着力打造忠诚干净担当的高素质专业化干部队伍。坚持全面、历史、辩证看干部，严把政治标准，突出实干实绩、围绕中心工作考察了解干部，切实把想干事能干事干成事的干部选出来、用起来。坚持严管与厚爱并重，注重思想引导，积极容错纠错，大胆启用一批曾经犯错、已经改正的优秀干部，努力营造鼓励担当、宽容失误的干事创业氛围。通过赴重点高校寻访揽才、安排高校大学生开展暑期实习调研、推动招考模式创新等方式持续加大公务员队伍招才引才力度，2020 年省考南沙区平均报考比例达到 300∶1，是 2015 年的 5 倍还多；事业单位考录比例从 2016 年的 16∶1 提高到 164∶1，翻了 10 倍；录用研究生比例从 19% 提高到 67%，重点院校毕业生比例从 42% 提高到 86%。

发挥党员先锋模范作用。创新实施"南沙党员时间银行"志愿服务工程，打通党员联系服务群众"最后一米"。在全省创新实施"党员＋互联网＋时间银行"志愿服务。通过"南沙党员时间银行"网页和 App 双载体，发动党组织和党员结合自身特长开展形式多样、内容各异、针对性强的志愿公益服务。截至 2019 年，全区 9 个镇（街）共接收报到党组织 154 个（市级单位 22 个，区级单位 132 个）；有 981 个党组织、2.389 万名党员在党员时间银行平台注册成为会员，累积时间币超 19 万枚。

五、强化党的领导作用，引领构建"令行禁止、有呼必应"共建共治共享社会治理格局。

按照城市大脑和智慧南沙的建设目标，开发建设"令行禁止、有呼必应"综合指挥调度平台。一期投资近 4000 万元开发建设平台，配套建设面积约 1500 平方米的区级指挥中心，对接公安、环保、水务、司法、教育等 34 个部门的数据普查系统，综合应用大数据分析预警、云计算技术、移动互联网＋、无人机、实时视频语音、三维地图等技术抓运营，实现资源整合、部门协同、高效联动的智能治理平台。在全市率先探索镇街体制机制改革，建立"党建＋网格"服务管理模式，将全区作为 1 个大网格，9 个镇（街）中网格，158 个社区小网格，最后细分为 1069 个基础网格，形成"1 + 9 + 158 + 1069"网格体系，构建城市基层治理周密体系。在网格中"插红旗、亮党徽"，建立 25 个网格党支部、142 个党小组，探索在 34 个优秀党员的家庭住宅建立"网格党员之家"，组织 253 名党员专职网格员"戴党徽"亮身份。

健全强化党的领导的体制机制。进一步规范村级重大事项决策机制，做到决策议题由党组织提议、决策事项由党组织牵头、决策过程由党组织把关、决策结果由党组织督办，构建党组织领导的自治、法治、德治相结合的乡村治理体系。对《村民自治章程》和《村规民约》进行修订，明确村党组织全面领导村民委员会以及村务监督委员会、村集体经济组织、群团组织和其他经济组织、社会组织，明确村委会主任、村集体经济组织负责人、村务监督委员会主任应当由党员担任，全区 128 条行政村 100% 实现党组织书记三个"一肩挑"。全面实施"四议两公开"，全区 128 个行政村通过实施"四议两公开"工作法进行民主协商决策，表决通过各类重大事项。

构建"四个一"的综合执法机制。构建"一个执法体系"，将原属于市场监管、城市管理、农业农村、人力资源等 13 个职能部门 21 个领域的行政执法职权统一纳入综合行政执法体系。建立"一支执法队伍"，归并整合涉改部门的 13 支执法队伍，90% 执法人员配备到执法一线，97% 执法人员直接从事执法工作，最大程度推动执法力量向一线延伸下沉。梳理"一张执法清单"，将4699 项执法事项划分为一般性事项和专业性事项，将 10 个领域一般性的 3249 项执法事项交由镇（街）综合行政执法大队负责，余下相对专业的 1356 项执法事项交由直属大队负责。建立"一套执法规范"，梳理统一规范行政处罚文书 35 份、行政检查与行政强制文书 18 份。

六、持续完善"4 个体系"建设，提升全区基层党建系统化科学化水平。

建起一套智慧党建体系。推进南沙智慧党建"一网一微一系统"项目建设。"一网"即党建门户网站，"一微"即微信公众号，"一系统"即党建管理系统，有效规范党员日常教育管理，实现网上收缴党费、掌上党建资讯、党员互动、网络党校等功能。2019 年，已启动"智慧党建"二期工程，将实现基本党务线上操作、党建工作标准化、党组织和党员互动、网络党校、高端人才申报等功能，"互联网＋"真正为南沙党建工作插上"智慧翼"。

推出"一十双百"典型引领体系。2018 年起，南沙坚持每年分别在全区各基层党（工）委培育一个党建"书记项目"，年底评选十个优秀基层党建品牌、一百个星级党支部、一百个"主题党日"活动优秀案例，推动基层党组织发挥首创精神、打造党建"亮点"，将党建工作的好经验好方法辐射至全区。

优化提升党群服务中心体系。建成 9 个镇街党群服务中心、161 个村居党群服务中心，配备有办事大厅、党群会议室、综合服务室、便民服务活动室等。如黄阁镇结合区域实际，创设"1＋3"模式，以 1 个主中心和 3 个分中心辐射全镇党员干部群众开展活动；大岗镇建设南沙区党群政治体检中心，打造成"沉浸式、智慧化、易交互、好管理"的党建阵地，为全区特别是北部三镇党员和群众提供一个学习交流、接受教育的平台和窗口；为突出党建服务南沙"三区一中心"建设，着手筹建南沙区（南沙自贸片区）党群服务中心。中心于2020年开始筹建，占地面积为2000平方米，综合展示南沙"三区一中心"的沿革以及南沙区党建工作成效。展厅设有总书记寄语、南沙之窗、南沙人才、党史教育、"令行禁止、有呼必应"综合指挥调度平台、政治体检、党建红联、凝视深渊、南沙之镜、同心圆梦等板块，设有党性知识抢答、党群书吧等互动体验参与项目。中心建成后，将面向广大党员群众免费开放，为全区基层党组织、广大党员群众常态化开展教育活动和组织生活提供平台。

以党建广播系统为载体，实施"党建大喇叭"工程，构建贯穿镇（街）、村（社区）两级的党建广播平台，在居民集聚区以及部分学校、企业等地安装了243个"党建大喇叭"，覆盖群众20000多人，及时把党的政策宣传到基层，把党的声音传递给群众，切实增强党群凝聚力。"党建大喇叭"积极配合社会治理工作，打通服务群众"最后一公里"，营造共建共治共享的氛围。

七、坚定不移全面从严治党，营造南沙风清气正干事创业的良好政治生态。

持之以恒正风肃纪反腐。制定实施《南沙区基层正风反腐三年行动方案》，坚决查处发生在民生资金、"三资"管理、征地拆迁等领域的违纪违法行为，深化扶贫领域专项治理，深挖彻查涉黑涉恶腐败和"保护伞"，深入整治群众身边腐败和作风问题，不断增强南沙人民在全面从严治党中的获得感、幸福感和安全感。巩固拓展落实中央八项规定精神成果，严查顶风违纪和隐形变异"四风"问题，实施《公职人员作风建设专项整治工作方案》，拍摄作风建设暗访片，发布"四风"问题曝光台，严肃追责问责，改进全区机关作风。坚持从讲政治高度整治形式主义、官僚主义，坚决查处贯彻党中央决策部署打折扣搞变通、漠视群众利益、慵懒怠政、文山会海等问题，推动落实基层减负。保持惩治腐败高压态势，坚决遏增减存，坚持行贿受贿一起查，全区实名举报率稳步提升，检控类举报占比呈平稳下降趋势，追回广州监察体制改革以来首例"红通人员"并完成赃款追缴，实现政治效果、纪法效果、社会效果有机统一。

　　一体推进不敢腐、不能腐、不想腐。认真落实省纪委《关于加强"廉洁示范区"建设的指导意见》、市委《关于建设廉洁南沙自贸试验区的意见》的部署要求，深入推进廉洁南沙自贸试验区建设。印发《关于贯彻落实"三个区分开来"治理为官不为建立容错纠错机制激励担当作为的实施方案》，率先构建"正面清单激励＋负面清单问责"工作机制，激发广大干部改革创新活力。成立廉洁南沙企业联盟，开展政企"双向承诺"，聘任主席团成员为"廉政监督员"，推广企业《反贿赂管理规范》，深化亲清政商关系，共创良好营商环境，2020年荣获第二届"中国廉洁创新奖"特色创新项目。紧盯建设领域廉洁风险防控，派驻纪检监察组定期与建设职能部门、安监部门和业主单位开展廉政谈话，在全区范围内探索推行工程项目"施工承包合同＋廉洁合同"双合同制，与建筑类驻区央企签订《监督执纪监察工作协作配合办法》，探索构建涉企线索和案件移送、执纪审查、监察调查、干部培训、宣传教育等全链条合作机制，构筑建设工程"防火墙"，确保质量廉洁"双安全"。举办廉洁南沙讲坛、"好家风"水乡集体婚礼等廉洁文化"一进一主题"活动，在政务中心、公交站、地铁站、村务宣传栏等广泛宣传"廉洁南沙·胜在有您"信访举报二维码。建设区廉政教育中心，拍摄警示教育片和宣传片，开展村（社区）干部全覆盖纪律教育学习，试行"三提醒一承诺"制度，安排新入职、新入党和新提拔的干部逐一签署《严守"六大纪律"承诺书》，在重要时间节点深化纪律教育。探索通过电话、邮箱和 AI 机器人等方式，为公职人员配备"廉洁大夫"。出台《南沙区纪委监委政治生态分析工作指引》，从 7 个方面 28 个二级指标定期开展政治生态分析。全区党风廉政建设责任制检查考核排名连续几年位居全市前列。

不断健全监督体系。强化对权力运行的制约和监督，推动党委主体责任、书记第一责任人责任和纪委监委监督责任贯通联动、一体落实。成立区委巡察办及 4 个巡察组，坚持政治巡察定位，稳步推进区委巡察和向村级党组织延伸巡察全覆盖，有效发挥巡察利剑作用。持续深化纪检监察体制改革，2018 年 1 月区监委正式挂牌成立，与区纪委合署办公，实现对区内所有行使公权力的公职人员监察全覆盖。强化上级纪委监委对下级纪委监委的领导，完善对镇（街）纪（工）委、区监委派出镇（街）监察组"两为主一报告"、对派驻纪检监察组"三为主一报告"工作机制。严格执行监督执纪工作规则和监督执法工作规定，进一步推动纪法贯通、法法衔接。制定区纪委监委派驻机构改革实施方案，健全"三个提名"考察制度，分类施策推进区属部门、区属国企及区属金融企业纪检监察机构改革。设立村（社区）监察站 145 个，延伸监督触角，推动全面从严治党向基层延伸向纵深发展。

擂响战鼓催征程，策马扬鞭再奋蹄。南沙各级党组织和广大党员干部将更加紧密地团结在以习近平同志为核心的党中央周围，不忘初心、牢记使命、接续奋斗，闻鸡起舞、日夜兼程、风雨无阻，奋力谱写南沙"三区一中心"建设新篇章，努力在加快形成新发展格局中走前列，在"一核一带一区"建设中作示范，为全省实现"四个走在全国前列"、当好"两个重要窗口"，为广州实现老城市新活力作出新的更大贡献！

附　录

附录一 革命旧址

一、中共番禺县临时委员会旧址

1924 年冬，中共顺德县支部派出共产党员、农民运动特派员黄泽南到榄核地区发动农民运动。1925 年初成立榄核八沙农民协会，协会会址设在榄核村三圣宫庙。1928 年 5 月 1 日，中共番禺县一区（禺南地区）、二区（禺北地区）和四区（禺东地区）区委派出代表在三圣宫召开各区联席会议，成立中共番禺县临时委

榄核村三圣宫（吴锦荣摄于 2015 年）

员会，临时县委亦设在三圣宫庙。1928 年 6 月，番禺县党组织划分为中共广州市南郊区委、东郊区委、北郊区委，划归中共广州市委领导。南郊区委书记为凌希天，有中共党员 139 人。广州市南郊区委也设在榄核镇榄核村三圣宫庙。

二、南番中顺游击区指挥部旧址——榄核乡利丰围（现人民村）

1943 年 2 月，中共广东省临时委员会、东江军政委员会决定在珠江敌后成立南番中顺游击区指挥部（简称"南番中顺指挥部"，对外不公开番号）。总指挥为广州市区游击第二支队司令员林锵云，政委罗范群。

3 月，南番中顺中心县委撤销，成立中共南番中顺临时工作委员会，在"南番中顺指挥部"内部成立党的总支委员会，书记严尚民，副书记梁奇达，继续领导抗日武装。指挥部从大谷围转移到番禺榄核利丰围（在今南沙区榄核镇人民村）。利丰围成为禺南、榄核地区日后开展敌后抗日斗争的核心区域，一直到二支队改编为珠江纵队，开辟了珠江三角洲更大的抗日战场。

三、鱼窝头抗日战争旧址

1939 年 12 月 30 日，在何氏家族地主的怂恿下，盘踞在东涌的日军、伪军 1000 多人分兵进犯鱼窝头，与当地守军和农民自卫队发生激烈战斗。日军首先用炮艇轰击位于鱼窝头村大益围队第一防线处的红石炮楼，炮楼被炸，防守人员无险可守，退至第一战壕（今鱼窝头医院）狙击敌人。战斗持续三昼夜，农民自卫队退守细沥东石炮楼，两天后撤退到位于今细沥村部旁的合作社总部炮楼。战斗持续七天后，队员趁夜色向灵山方向转移。转移中遇到李辅群部属的护沙队，双方激战中各有伤员。数日后，自卫队从灵山返回，继续攻击盘踞在细沥的日军、伪军，因实力悬殊，未能夺回细沥根据地。自卫队部分人员前往顺德西海，参加由共产党领导的抗日队伍广游二支队。

纪念场馆

一、冼星海纪念馆榄核镇湴湄分馆

位于冼星海故乡湴湄村的"冼星海纪念馆榄核镇湴湄分馆"（即"冼星海故居"）于 2010 年 1 月 15 日开馆，馆中陈列的内容以冼星海生平各时期的活动照片为主，介绍冼星海的生平经历，能够较完整地反映人民音乐家一生的光辉业绩。

复建冼星海故居

冼星海纪念馆榄核镇湴湄分馆由番禺区文广局筹资、区博物馆规划筹建，榄核镇党委及镇政府搜集、提供了大量历史资料和文物图片（复印件）等。分馆自开馆之日起，全天候免费开放，由湴湄村委会安排专人负责管理。

二、南沙虎门炮台

南沙虎门炮台于 1982 年被公布为全国重点文物保护单位，于 2019 年被列为广东省爱国主义教育基地之一。1996 年，广东省、广州市政府投入 470 万元对炮台遗址进行大规模的第一期维修保护。位于南沙的虎门炮台群，打响了广州抗日战争海战第一炮。1937 年 9 月 14 日清晨，中国守军海陆空奋起还击往虎门方向袭来的日本海军舰队，粉碎了日本海军不可战胜的神话。日军先后对虎门发动过三次大规模的进攻，至 1938 年 10 月 5 日虎门要塞沦陷，其间虎门要塞的中国守军抗击一年多，沉重打击了日军的嚣张气焰。

革命人物简介

凌希天（1900—1929）　原名凌绍宪，曾任广州市委书记。祖籍番禺县金鼎村（今属广州市黄埔区长洲镇深井村）。

凌希天幼年丧母，随父亲在广州河南鳌洲育才书舍读书。1918 年往香港谋生。1922 年，响应农民运动，回到家乡深井乡发动农民参加革命，组织农民协会。在佛山同和机器厂当学徒期间，凌希天在认真学习、积极工作的同时，又向工人宣传"反对剥削"的道理。

当时，中共广东党组织对发动工人运动非常重视，广泛接触和教育工人中的骨干分子。凌希天作为工人骨干代表，与工人们团结在一起，他带领工人们与工厂主开展反剥削、反压迫斗争。1925 年秋，在广州农民运动讲习所农民宣传班学习两个星期后，凌希天被派回番禺从事农民运动，并被选为番禺县农会第一届候补监察委员，同年加入中国共产党。4 月下旬，番禺县农民协会在广州成立，凌希天被选为协会候补监察委员。他以县农民协会候补监察委员的身份，被组织委派到榄核地区组建中共番禺一区特别支委，1927 年 12 月，广州起义爆发，凌希天组织领导手车夫工人参加起义，并负责广州起义的运送军械枪支、弹药等工作。1928 年 5 月 1 日，中共番禺临时县委成立，凌希天当选为临时县委委员。1928 年 8 月，凌希天担任中共广州市南郊区委书记。1928 年 12 月，中共广东省委候补常委、广州市委书记姚常在广州被捕叛变。1929 年 5 月，凌希天到香港向省委请示工作，省委决定由凌希天担任广州市委书记，并继续兼负领导番禺县的工作。1929 年 10 月 10 日，凌希天利用国民党纪念"国庆"活动，组织广州党组织的一些党员及积极分子到街上散发传单。在西濠口码头散发传单时，凌希天被广州警察局特别侦缉队队长梁子光认出，当即被捕，屡经严刑审讯而不屈。10 月 27 日凌希天在广州市东沙路（今先烈路）第五军坟场前被杀害，年仅 29 岁。

凌希天的牺牲是广州市、番禺县党组织的重大损失。

冼星海（1905—1945） 中国近代著名作曲家、钢琴家。祖籍广东番禺榄核（现为广州市南沙区榄核镇湴湄村）。

湴湄村冼星海塑像（吴锦荣摄于 2015 年）

冼星海在澳门出生，6 岁随母亲到新加坡，进入新加坡养正学校学习。1920 年，他回到广州，走进岭南大学附中的义学学习小提琴。1926 年，冼星海考入北京大学音乐传习所，师从中国现代音乐教育奠基者萧友梅。1928 年，冼星海进入上海国立音乐学院，主修小提琴和钢琴。1929 年在巴黎勤工俭学，拜法国巴黎歌剧院首席小提琴演奏家奥别多菲尔和音乐大师加隆为师。后考入巴黎音乐学院，师从法国三大印象派作曲家之一的保罗·杜卡。

　　1935 年学成回国，冼星海积极投入抗战歌曲创作和救亡音乐活动。1937 年全面抗战爆发后，他参加上海话剧界战时演剧二队，进行抗日文艺宣传。同年 10 月，冼星海到达武汉，参与主持抗战音乐工作。他深入学校、农村、厂矿，教群众唱抗日歌曲，举办抗战歌咏活动，对动员民众起了有力的配合作用。他创作了《保卫卢沟桥》《游击军歌》《在太行山上》《到敌人后方去》等著名抗日歌曲。1938 年 9 月，冼星海奔赴延安，担任鲁迅艺术学院音乐系主任，负责音乐理论、作曲等主要课程，同时教授音乐史及指挥。在延安期间，冼星海创作了大量激励革命斗志的歌曲。1939 年 3 月，由诗人光未然作词、冼星海作曲的《黄河大合唱》诞生，成为中华民族的千古绝唱，对全国军民的抗日斗志起了极大的鼓舞作用。毛泽东亲切地称冼星海为"人民音乐家"，周恩来题词："为抗战发出怒吼，为大众谱出呼声！"1939 年 6 月，冼星海光荣地加入了中国共产党。1940 年他受党委派到苏联学习考察，并为电影纪录片《延安与八路军》作曲配音。1945 年 10 月30 日，冼星海病逝于医院，享年仅 40 岁。

　　延安各界为冼星海举行追悼会，毛泽东亲笔题词"为人民的音乐家冼星海同志致哀"。

　　谢立全（1917—1973）　广东人民抗日解放军参谋长，后任代司令员。祖籍江西省兴国县樟木乡。

　　谢立全于 1929 年参加中国工农红军，1931 年加入中国共产党。土地革命战争时期任红二十一军一二三团连政治指导员、红三军团第五师政治部青年科科长，参加了中央苏区一至五次反"围剿"和二万五千里长征。抗日战争和解放战争期间，谢立全转战南北，屡建奇功。1952 年 1 月，由刘伯承点将，调任军事学院海军系主任，后又任海军军事学院第一副院长、海军学院院长。1955 年，年仅 38 岁的谢立全被授予少将军衔，荣获八一勋章、独立自由勋章、解放勋章和红星功勋荣誉章。

谢立全与广东、榄核有关联的经历是在抗日战争时期，他曾担任广州市区游击第二支队教官、南番中顺游击区指挥部副指挥、广东中区抗日纵队副司令员、广东人民抗日解放军参谋长，并亲往榄核领导敌后抗日斗争。1945 年，谢立全参与组建广东人民抗日解放军，部队辖四个团，谢立全任参谋长，后任代司令员。

林锵云（1894—1970）　祖籍广东新会罗坑下沙乡大来里。

林锵云于 1925 年参加省港大罢工，1926 年加入中国共产党，1927 年参加广州起义。历任中共九龙地委书记，全国海员总工会、全国总工会香港特派员。抗日战争时期，任广游二支队司令员、珠江纵队司令员。中华人民共和国成立后，历任中共中央华南分局委员兼职工委员会第二书记，广东省总工会主席，中共广东省委常委、广东省副省长。

抗日战争时期，林锵云基本上都在珠江三角洲敌后抗日根据地担任主要军事指挥员工作。在广州沦陷前后，先后任中共广东省委南顺工委职工部部长、中共顺德组织负责人、南顺工委书记。他在南海大榄、顺德西海等地建立党支部，又在顺德大良镇蓬莱小学组织一支 10 多人参加的抗日游击队，以后不断扩大，成为珠江三角洲敌后游击战争的骨干力量。1940 年夏，林锵云任中共南番中顺中心县委

林锵云

成员，分工负责抓武装，先后担任广州市区游击第二支队独立第一中队中队长、二支队司令员。他能熟练运用"伏击战""麻雀战""夜间战"等游击战术，带领队伍在顺德西海、番禺榄核等大部区域狠狠打击日军、伪军。

林锵云在担任广游二支队司令员的时候，曾亲自率领司令部特别小分队来到榄核，做抗日统一战线工作，联合当地武装开辟敌后抗日根据地。

杨忠（1900—1945）　广州抗日游击队二支队中队长。祖籍番禺榄核大生村。

杨忠出生于贫苦家庭。在第一次国内革命战争时期，曾参加农民协会和组织农民自卫队。广州沦陷后，国民党军队的散兵游勇和土匪到处打家劫舍，风雨飘摇、兵荒马乱的日子令乡民不得安宁。为了保乡护民，杨忠带头组织了农民自卫队，后与广游二支队特别小分队合编成为二支队"榄核中队"，直属支队司令部。1939 年夏天，一股土匪聚众 300 多人到榄核洗劫，在乡民的支援下，杨忠率领农民自卫队把"五龙堂"匪众打退，建立了声威。为了让这个自卫大队合法化，不被国民党的派系吞并收编，杨忠通过关系，向退到灵山乡的县政府申领了一道"护身符"，这样自卫队挂起了"国民兵团第四中队"的"正统""合法"招牌，杨忠自任中队长。在日军、伪军、国民党顽固派军队的夹击下，国民兵团的招牌也不要了，于 1941 年春又从国军"挺三"司令伍观淇那里领来一个中队的番号，杨忠仍任中队长。1941 年 10 月，广游二支队取得西海大捷，震动了珠江三角洲敌后，促使杨忠认识到共产党领导下的抗日队伍值得依靠，便要求二支队派队伍进驻榄核。1942 年初，小分队进驻榄核，决心向抗日队伍靠拢，并在随后成立的二支队"榄核中队"担任过领导职务，多次参加反对日军和李辅群伪军的武装斗争。1945 年秋，率部进入粤北抗日前线，作战负伤，由于敌人疯狂封锁，缺医少药，杨忠不幸病逝。

马奔（1921—?） 又名高乃山，先后任粤桂湘边纵队连江支队副司令员，广东省南海县县长、县委书记，河南省洛阳专属冶金工业局局长、行署专员和河南省工商局局长、党组书记。祖籍广东省中山县张家边村。

马奔1921年出生于农村家庭，1938年就读于中山县立中学高中。他思想进步，追求真理，胸怀救国救民志向。1938年加入中国共产党和广东青年抗日先锋队中山县队，并以党员的身份做学生工作。历任广游二支队"榄核中队"指导员、珠江纵队二支队五大队（顺德大队）指导员、粤桂湘边纵队连江支队副司令员。中华人民共和国成立后，任广东省南海县县长、县委书记。1956年从苏联哈尔科夫拖拉机厂实习回国后，先后任河南省洛阳专属冶金工业局局长、行署专员和河南省工商局局长、党组书记。

晚年的马奔情系榄核革命老区和老战友，常常造访榄核，悼念烈士，慰问战友和老区群众。

吴勤（1895—1942） 祖籍广东省东莞县，生于南海县第四区南浦村。他早年参加辛亥革命，于1924年初参加南海县农民运动。1924年5月，任南浦农团军团长；9月，到广州参加第二届农民运动讲习所；10月，加入中国共产党。从农讲所毕业后，回南海任第四区农会会长。1927年12月初，任南海农民赤卫军第二团团长，参加广州起义。起义失败后退走香港，后转去新加坡。

吴勤

1937年，从新加坡回香港，后在廖承志和中共香港市委的指导帮助下，于同年秋返回广州任广东省民众自卫团统率委员会上校巡视员。1938 年组织抗日义勇队开展抗日武装斗争，后义勇队被加番号为"广州市区游击第二支队"，吴勤被委任为支队司令，从事抗日游击战争。1942 年 5 月，吴勤夫妇从睦州去林岳（地名），在陈村水枝花渡河时遭国民党顽固派军队勾结伪军伏击，光荣牺牲。

附：榄核镇革命烈士英名录①

姓名	性别	出生年月	参加革命（工作）时间	牺牲时间	牺牲地点	牺牲时职务
原昌盛	男	1881	1927	1928.10	榄核镇	农民协会执行委员
梁 带	男	1888	1927	1928.10	榄核镇	农民协会秘书长
杨 忠	男	1900	1943	1945	始兴县水田坑	珠江纵队第二支队战士
陈如春	男	1911	1944	1945	大石镇羊头沙	珠江纵队第二支队战士
冯锦堂	男	1929	1945	1945	顺德乌洲	珠江纵队第二支队中战士
梁兴仔	男	1911	1945	1945.02	顺德大良海丰围	珠江纵队第二支队中战士

① 广州市南沙区榄核镇志编纂委员会编：《榄核镇志》，广东经济出版社 2020 年版，第 293 页。该书烈士原昌盛作"袁昌盛"，按本书前述名称，此处用"原昌盛"。

附录四 革命回忆录

（马奔晚年情系老区和老战友，常常造访老区，悼念烈士，慰问战友和老区群众，核对历史资料。他撰写的回忆文章，真实生动地记叙了战友们的英雄业绩和他大半生的战斗历程。以下根据番禺区党史研究室主编、马奔著的《榄核风云》中《白皮红心》《向榄核前进》《战胜动摇》三篇文章汇编而成。）

太平洋战争爆发后，马奔同志从澳门乘小艇在中山拱北（现珠海）水湾头登陆回内地，之后调广州市区游击第二支队直属第二中队任指导员。

（一）白皮红心，投入抗战

1941 年 10 月，中心县委决定派马奔同志去榄核开辟外围据点，统战对象是榄核的自卫大队长杨忠。杨忠出身贫苦，大革命时期参加过农会和农军。大革命失败后落草为寇，后来洗手经商，成为富农。广州沦陷后出任榄核自卫大队长，手下几十人，机枪 3 挺，长短枪 10 支。西海大捷后，杨忠派人到西海要求部队进驻榄核，中心县委于是派马奔（当时曾用假名高乃山）去谈判，双方协议以自卫队名义活动，保卫榄核镇的安全，武装伙食由杨忠供给。马奔便与何球带 70 多人入驻，杨忠把自己拥有的 3 挺机枪、50 支长短枪用于装备部队。去榄核的有队长何球和战士伍华、曾荣、莫苏、孔昭、邵权、邵新、张细九、刘腾、吴炽、黄锦晖等。后二人后来任杨忠的警卫员。那时，同志们时兴互相起花名，伍华见黄锦晖参队时戴一顶瓜皮小帽，戏称尖头马骝，以后便叫尖头叔。唯独马奔没有诨名，一直称为老高。

　　部队进驻榄核的八沙乡，位于番（禺）、顺（德）、中（山）三县的交界处。所谓八沙，便是有八个自然村的乡，榄核八沙包括榄核沙、浅海沙、张松沙、涩湄沙、大坳沙、石前沙、鳌沙、罗沙。八沙乡在磨碟头的东岸，一丛又一丛的竹林，间或有一二棵高耸的木棉树或枝叶婆娑粗大的榕树，遮掩着一座座用稻草搭盖的茅寮，瓦房是屈指可数。富饶的田野上，散布着穷困的村庄。依附在沙田的佃农、贫农、雇农，忍受着多重剥削、压迫与蹂躏。就在这个土匪聚散和出没之地，土匪在当时当地可分两类：落脚土匪和吊脚土匪。落脚土匪，在其势力范围内，自己不抢，也不容许外乡土匪来抢。兔子不吃窝边草，有时还给势力范围内的群众一点小恩小惠，取得同情和谅解。吊脚土匪，到处流窜，走到哪里，抢到哪里。只要有机可乘，照抢不误。因此落脚土匪与吊脚土匪之间常常产生摩擦与冲突。农民终日劳动所得，80% 左右要交给住在广州、市桥、大良、陈村、大岗或是港澳的地主。有时还会碰到亡命之徒敲诈勒索或拦途抢劫。因此其生活水平，与今日改革开放后的珠江三角洲，简直是地狱与天堂的差别。佃农的屋子倚着大树作屋柱，枝丫作檩桁，架上几块树皮，挂上几把稻秆或甘蔗叶便是房屋。高仅可直着身子，长和宽不过五六尺。住、食、拉都在一处。如果盖上一间泥墙草顶，那已经算得上"富丽堂皇"。生于斯，长于斯，老于斯，病于斯，死于斯，一张草席，卷起埋葬。

　　正是广州市区游击第二支队直属第二中队进驻榄核后，逐步建立白皮红心据点，部队发展一倍多，装备大大改观，有能够正确执行政策的社会基础。从国民党到日本侵略军，从被称李灯筒的李福林（镇压广州起义的军阀）到大汉奸李辅群（李塱鸡），都玩了不少花样，企图巩固对沙田地区的统治。但是民族意识的觉醒，不仅青年不愿当亡国奴，连一些地主、乡绅也眼看朝不保夕，愿意支持抗日。这时，有更多的人民参加抗日游击战争，这就是白皮红心部队扩大的社会背景。

（二）难忘的战斗经历

1940年，国民党反动派从肇庆派了几个青年基干团到南海、顺德一带捣乱和破坏。四处收编土匪，给伪军以国军的番号，让其作反共的急先锋。1941年中秋节，广游二支队在西海的队伍，只有三四百人，可是在人民群众的支援下，以少胜多，歼灭一个团，击溃2个团和1个护沙总队，击毙敌前线代理总指挥、副团长祁宝林以下200余人，俘敌110余人，其中少校副营长至排长14人，还有百余人在逃命时溺毙江中，缴枪500多，其中包括轻机枪5挺，连伪军团长也被击毙了。

1942年2月28日，在谢斌参谋长的直接指挥下，马奔带领中队夜袭番禺、顺德两县边境伪军重要据点韦涌。队伍从西海出发时，战士迎风冒雨，快速向韦涌前进。这一仗打得干净、利索，不到30分钟解决战斗，伪军第40旅一个连近百人，全部被歼。看着缴来的枪支弹药和其他物资，同志们士气高涨，互道胜利归来。这次袭击战后，刘参谋长（谢斌当时化名刘斌）下达司令部的命令，决定由郑惠光（黄鞅）、何球和马奔三个人率领一个加强小队前往榄核开辟隐蔽据点，扩大西海的回旋区域，有力地配合西海部队的公开对敌斗争，使西海不致成为珠江三角洲敌后的"孤岛"。强调在榄核要采取隐蔽方式，精干发展，积蓄力量，等待时机，不要过早暴露。

当时的榄核有两个连的伪军长驻，伪乡公所还有乡丁六七十人，而且国民党军叶肇的队伍也长期驻在那里。日本侵略军和林小亚的顽军时来时往。广游二支队虽然有群众基础，但武装实力悬殊。队伍今后发展起来了，必须牢牢掌握在党组织的手里，除了和敌人相遇，短兵相接，必须给来犯者以坚决还击外，一切军事行动，包括锄奸，事先必须先报告司令部，按命令执行。全队同志，依靠和团结广大人民，把榄核的水陆交通要道，包括敌军、顽军驻地的炮楼（碉堡）控制起来，夺取过来。从榄核到大良（顺德县城）、大岗（中山）的交通线要打通，保证在紧急情况下，抗战队伍可以完全行动。

为了便利中山、顺德交通人员来往联络，司令部指示马奔所在的部队，在榄核要建两个交通站，一个是绝对掩蔽的内部交通站，一个是半公开的，即部队人员接头的地方。前一个是单线联系，后一个以做生意的面目出现。建立后的交通站发挥了积极作用，其间团结一切忠心爱国的人们，团结所有反对大汉奸李塱鸡的人。他们也反对一切丧尽天良的汉奸，反对那些投降派，反对那些顽固的"反共派"，坚决斩除抗日反奸的烈火在榄核各个地方点燃。

1942 年 10 月，中共南番中顺中心县委决定在南番中顺地区开辟新区，扩大抗日游击区，提出进一步经营禺南，发展中山，开辟南（海）山（水）地区的任务；中心县委还决定广游二支队司令部林锵云、谢斌、严尚民转移到榄核，指挥南番顺地区的敌后游击战。榄核中队接受任务安排司令部转移。船到合生涌，何球向那炮楼扫视了一眼，这是伪副乡长陈福庆掌握的据点，横亘在司令部转移路上的中心位置。部队运动要船，不论进攻、转移或撤退，均少不了船只。而船又要在河上来往。炮楼监视着来往船只，可以封锁河道。司令部接待转移部队，决定何球同志全面负责到西海去接运部队来。马奔组织指战员运伤病员和老弱妇孺的任务刚完成，紧接着又投入到保卫首长的安全隐蔽工作任务。

一是当时利丰围及其周围有几千亩的蔗地，群众在这里定居的不多，大都是杨忠的兄弟或是和杨忠关系较好的群众。二是利丰围东边和西边，修建了两座炮楼，在楼上对周围数里地都可以看个清楚，利丰围南边的大王头，是队部所在地，西边的植龙围，我们驻有一个分队，作为外围的警卫力量是可以的。通过周密部署，调整住在利丰围两个炮楼的战士，把有战斗经验、守纪律、善于做群众工作的共产党员调来这里驻守，完成了保卫首长安全的任务。

林锵云司令离开榄核的时候，再三嘱咐马奔所在的榄核中队，为了有力地支援西海坚持斗争的同志，要我们尽一切努力向顺德发展据点，为恢复顺德的阵地而斗争。在统战方面工作做得很活跃，大洲乡的周锡、紫坭乡的黎钜，都建立了联系。这个联系，不仅以杨忠名义，而且讲明我们是"广游二支队"。从夏收到秋收，先后同灵山的地主兼商人冯波等建立了良好的关系。从中借到一挺轻机枪，并购买了一大批子弹。

1944年6月夜袭新造的战斗。此役两个小时解决战斗，全歼守敌，活捉汉奸区长冼尧甫及以下200多人，缴获轻机枪3挺，长短枪200余支和大批军用物资。汉奸区长在公审后处决。新造之役，马奔所在的队伍一个人也没有损失。接着又攻打市桥，此役攻破伪护沙总队四个中队、伪一区区署、伪联防总队等8个单位，俘伪军100多人，缴获长短枪200多支和大批军用物资。

在活动区内，马奔带领队伍，积极执行政策，减轻农民负担，反对敌伪抽剥，镇压了死心塌地的汉奸伪副乡长陈福庆和涟湄的地头蛇陈满。在敌据点的前沿，实行半兵半农，直插敌伪心脏，领导了群众轰轰烈烈的反"拍围"斗争。同时也扩大了自己的队伍，不断派出部队参加司令部组织的各项战斗行动，从实战中提高战术，并陆续调出老战士补充顺德和禺南的队伍。

　　马奔所在的榄核中队在榄核地区先后打了 6 年仗，部队逐步扩大，战斗力相应提高，部队素质有很大改变。1945 年 1 月，在中山县五桂山区正式公开宣布广东人民抗日游击队珠江纵队成立。不久，又接到挺进山区战斗的命令。习惯在水网地带作战的指战员，如今又面临着新的挑战，从生活方式到战斗行动，从战略战术到宿营行军，从语言风俗到筹粮供给，新的课题时刻都在考验着。

　　1945 年初，从珠江敌后挺进到粤桂边。经过抗战胜利前后的自卫战争，又逐步建立起革命根据地的粤桂湘边纵队。

　　在革命征途上，拿起枪杆子武装斗争的日子里，战斗集体，肝胆相照，亲密团结，共同对敌，共同胜利。不忘共产主义这个人类最美好的理想，这个无产阶级最大的战斗目标，不忘过去的殊死斗争和艰苦岁月，记住一幕幕动人的情景、一幅幅英雄形象铸就的艰苦奋斗和英勇作战的老传统。

附录五 南沙记录

霍镜初 30 年情牵德育感恩课

（本文章是由本书编写组人员于 2019 年 8 月 6 日下午采访霍镜初老人，并于其后通过电话采访知情者，收集霍镜初老人的事迹编写而成。）

在南沙区珠江街和万顷沙一带，提到霍镜初老人几乎无人不知，无人不晓，大家都尊称他为"霍校长"。

年过九旬，头发银白的霍镜初老人，每逢周一清早，都急着出门，赶去办一件退休三十余年来从未中断的事。他要去学校和孩子们一起升国旗，给孩子们讲话。暑假他会跟孩子们一块上思品教育课，他经常教育孩子们：吃尽苦中苦，方知今日甜。

霍镜初对幼教事业非常重视，每个学期他都要去幼儿园为孩子们上一堂别开生面的德育感恩课。教育孩子如何互敬互爱，尊重亲友，如何更好地为社会服务。每次见到霍老，孩子们都跑过来抱着他亲切地叫一声"霍校长爷爷"。

退休后，本可以安享晚年的霍镜初，为什么不好好呆在家里，老爱往学校、幼儿园跑，不知疲倦地奔走在教育一线呢？老人说，这还得从他年少的一段苦难经历说起。

1925 年 9 月，霍镜初出生于东莞市中堂镇斗郎村一户贫寒家庭。七七事变后，革命的浪潮席卷沿海，正在家乡永思堂上小学的霍镜初在霍彦坤老师家中与几十个同学秘密宣誓，加入共产党领导下的"抗日儿童先锋团"。1948年，因经济困难，霍镜初辍学回家乡小学执教，秘密串联家乡的青年参加革命队伍，消息泄露后，他遭到本村叛敌组织的追杀，迫不得已，1948年12月连夜冒着寒风骤雨逃到万顷沙。在万顷沙，霍镜初人生地不熟，生活遭遇前所未有的困难，直到1949年12月万顷沙解放。当地政府在了解霍镜初的情况后，马上安排他去做教师，1954年又提拔当了校长，1957年霍镜初入党。"我可以说是生逢乱世，是党培养了我，给了我今天的生活，所以我要报恩，我要在有生之年为党，为人民多做些有意义的事。"霍镜初坚定地说。

一位94岁的老党员是从革命战争中走出来，历经了生死考验。他只有一个信念：只要活着，就会尽力为党和人民工作。30余年来从未中断，一直义务担任着5间学校的校外辅导员和团总支指导员，一直奔走在教育一线而不知疲倦，为南沙区的教育事业发挥着光和热。他的精神影响和鼓舞着一代代教育工作者努力奋进。

正是因为感激党的恩情，入党61载的霍镜初退休不赋闲，热心辅导一批批学子。当年作为校外辅导员，他注意到生产队的职工平时忙于农事，孩子们一放学就没人管，寒暑假没人教，为了改变这一状况，霍镜初争取到村干部的支持，到村里亲自向学生家长及广大群众义务宣传家庭教育。那些年，因为霍镜初的坚持和努力，每逢寒暑假，孩子们都平安度过，没发生重大事故，这都是霍镜初热衷教育、关爱孩子的结果。

由于长期担任校外辅导员，霍镜初十分重视学生的思想教育工作，尤其对老师眼中难搞、恶搞的问题学生非常关注。

记得1993年，霍镜初得知三区小学有一位叫高志辉的学生行为异常。他通过多次走访，多方了解到高志辉发过高烧影响了大脑，得过脑膜炎。霍镜初在做通家长的思想工作后，亲自带孩子去医院治疗。经过多年诊治，高志辉的病情得到控制，并逐渐好转。长大后的高志辉已是工厂里的一名工作人员。"霍校长来看了我很多次，也留意了我很多次。我每次出事，他都在我身边，第一时间帮我解围。霍校长一直都没放弃过我。"时隔多年，高志辉饱含泪水感动地说。

从教30年，霍镜初教育学生一万余人，退休30年来，他为一万五千多人上品德教育课，重点帮扶学生300多人，其中帮扶特困儿童3名，残疾儿童2名。2010年，霍镜初入选"中国好人榜"。此外，老人还收获了各式各样的奖项。

试问人生能有多少个30年，为了报党恩，退而不休，在教育事业上一做就是60多年。

如今，霍镜初老人已经是珠江街基层党建工作的一面旗帜，珠江街在"珠江人家"党群服务中心设立"霍镜初老党员工作室"，并为霍镜初老人配备工作助手，协助他开展工作，让霍镜初老人的感恩品德教学在南沙一代代传承下去，发扬光大。

大事记（1925—1949）

1925 年

年初，榄核地区正式成立榄核八沙农民协会，这标志着榄核农民运动进入了有组织、有党领导的新阶段。从此，农民协会组织农民开展减租、反抗民团苛捐、反抗高利贷、反抗土豪劣绅等运动，兴办农民义校及开展农村公益事业。

夏，榄核地区的农运特派员黄泽南陆续吸收了当地农会骨干梁文华、梁炎桂、梁带、周东和、周辉雄、梁木炳等人入党。他们是番禺县在沙田地区吸收的第一批中共党员。

8 月，榄核农民自卫军正式成立。农民自卫军由 200 多人组成，其中常备队 20 人。梁木炳为榄核八沙农民自卫军队长，关胜为榄核、涻湄农民自卫军队长。农民自卫军建立后，成为党支部团结广大农民群众，推进农民运动的重要组织依托；也成为孤立和打击农村恶势力，保护农村革命成果的武装组织。

11 月，榄核农民协会在榄核建立乡政权，并由农民自卫军常备队维持乡辖地区的治安。

是年，香山县改称中山县，黄阁与万顷沙界河以西的大鳌沙、沥心沙、缸瓦沙、屎船沙随改属中山县。南沙、大虎岛、小虎岛与万顷沙界河以东地段以及鸡抱沙、龙穴岛隶属东莞县。

1926 年

6 月，番禺农村第一个共产党支部——榄核党支部成立。冯君素为支部书记。党组织就在榄核地区开展更为具体的革命活动。

1927 年

12 月 13 日，榄核地区农民自卫军集中 60 多人，在梁木炳、梁炎桂、原昌盛等带领下，在榄核张保仔庙前的木棉树下誓师，至屏山河与顺德农军会合，准备参加广州起义。在广州起义失败后，榄核农军撤返榄核，负责接待在广州起义失败转移到榄核地区的工人赤卫队，并联系护送他们到各地掩蔽，以此就近转移，保护革命力量，进行秘密斗争。

1928 年

1 月，在榄核成立中共番禺县委一区临时区委会。中共番禺县第一区党员代表会议在榄核三圣宫庙召开，会议上，中共番禺县第一区委员会宣告成立，梁炎桂、梁带、周辉洪、王镜湖、冯君素、苏焯生等为区委委员，梁炎桂为区委书记，区委隶属中共广东省委领导。

3 月，中共番禺县第一区委员会在阮峙垣的主持下进行改组。同时，在榄核地区组织五乡（涵湄、合生、沙湾涌、榄核头、榄核尾）农民协会党团组织，由区委委员梁带任五乡党团书记，领导护耕队常备队员与反动派作斗争，保护农民利益。

5 月，中共番禺县各区代表联席会议在榄核三圣宫庙召开，成立中共番禺临时县委，推举周辉洪、韦庸之、梁带、王镜湖、凌希天、麦仰天、梁炎桂、关胜、黄泽南 9 人为中共番禺临时县委委员。临时县委推举韦庸之、周辉洪、梁带 3 人为常委，韦庸之任临时县委书记。

1929 年

10 月，由于原广州市委书记姚常叛变，国民党军警经常到榄核、灵山一带围捕，广州市南郊区委书记凌希天被国民党反动派逮捕，几天后凌希天被国民党反动派残忍杀害。

1937 年

9 月 14 日清晨，日本海军舰队袭击南沙虎门，中国守军海陆空联合迎战击退日军。日军先后对虎门发动过三次大规模进攻，虎门要塞的中国守军顽强拒敌一年多，直到 1938 年 10 月 5 日虎门要塞陷落。

1943 年

2 月，中共广东省临时委员会、广东东江军政委员会成立南番中顺游击区指挥部（简称"南番中顺指挥部"），指挥林锵云，政治委员罗范群，副指挥谢立全，副指挥兼参谋长谢斌（亦改名为刘斌），政治部主任刘向东。南番中顺指挥部成立后，番禺地区抗日游击队禺南大队改编为南番中顺游击区指挥部广游二支队新编第二大队，坚持战斗在抗日一线。

3 月，中共广东省临委决定在南番中顺游击区指挥部成立之后，对地方党组织领导机构也作出相应调整，撤销南番中顺中心县委，成立中共南番中顺临时工作委员会（简称"南番中顺临工委"）。南番中顺指挥部内设党的总支委员会。南番中顺临工委领导南海、番禺、中山、顺德县地方党组织，设特派员制。

12 月，南番中顺临工委撤销，成立中共珠江特别委员会（简称"珠江特委"），继续领导该地区更大范围的抗日斗争。

12 月，随着斗争形势的转变，由林锵云亲自率领的广游二支队独立第一小队发展壮大到 300 多人，经过广游二支队司令部批准，合编成榄核独立中队。中共广东省委候补委员、广州市委书记罗范群亲自来到榄核，宣布成立广州市区游击第二支队榄核独立中队。

1944 年

清明，广游二支队榄核独立中队组织精干力量，乘“十老虎”祭祖扫墓的机会伏击他们，当场活捉了在场的周洪等“八老虎”及其家属。其后，“八老虎”被公审处决，其家属被释放。

7 月，广游二支队禺南大队更改番号为广游二支队新编第二大队。

8 月2 日，榄核抗日武装陈胜、何球、马奔带领两个中队，夜袭驻榄核湴湄伪军邓少侠中队。战斗仅进行半小时即全歼伪护沙中队。湴湄驻敌被消灭后，驻榄核的敌人也人人自危，被迫撤出榄核。

1945 年

1 月底，马奔、何球率一个中队，夜袭大坳沙伪军李福的兵工厂，缴获轻机枪 7 挺（有的缺零件）、长短枪 20 多支，并烧毁了兵工厂。

年初，广游二支队改编为珠江纵队。

7 月，珠江纵队二支队大部队挺进西江，参加创建五岭战略根据地，仅剩小部分武装在番禺地区坚持抗日游击战。此时抗战的形势有了好转。7 月 26 日，中、美、英三国发表《波茨坦公告》，迫令日本无条件投降。

9 月，中共广东区党委任命周锦照为中共番禺县特派员，隶属广州市临工委。珠江纵队第二支队主力转移后，留守在番禺的珠纵二支队武装人员40人左右，分成几个武装工作小分队，使用轻武器分散在禺南各地活动。

1946 年

2月，中共广州市委成立，黄松坚任市委书记。之后，广州市委调派涂锡鹏任禺南特派员。在禺南地区全面联系和健全党组织，开展地下活动，安全疏散留下的部队和武器，以备开展武装斗争，并搞好统战工作，掌握群众武装。

1948 年

3月，中共珠江三角洲地区工作委员会（简称"珠江地工委"）成立。珠江地工委辖南海、顺德、三水、番禺、中山县三区、中山县九区、中山县八区、石岐特派员和中山特派员、增城新塘地区中心区委员会等地的党组织。

是年，南沙乡成立，隶属东莞县第五区。

1949 年

12月，万顷沙东莞县明伦堂示范农场被东莞县军事管制委员会接管，改称万顷沙接管处农场；1950年，定名为广东省东莞县万顷沙国营农场。

奋进新时代，壮丽新南沙。

《广州市南沙区革命老区发展史》是根据中国老区建设促进会2017年6月下发的《关于编纂全国1599个革命老区县发展史的安排意见》（中老促字〔2017年〕15号）的文件精神编纂的。中共南沙区委按照广州市党史研究室编纂工作部署，高度重视《广州市南沙区革命老区发展史》的编写工作，于2018年10月成立编纂委员会。编委会结合南沙区的实际情况，全面指导编纂工作，对发展史的编写体例、区域范围、时间跨度、章节设计、内容安排、语言表述、全书篇幅、审稿出版等问题，先后组织召开撰稿布置会、章节咨询会、书稿研讨会等，于2019年7月完成《广州市南沙区革命老区发展史》第一稿。随后，吸收各方修改意见，进行多次修订，数易其稿。

在编纂《广州市南沙区革命老区发展史》过程中，得到了广东省老区建设促进会、广州市党史研究室等领导的高度重视和专题指导。编写人员广泛征集材料，采用大量一手文献资料，确保历史事件、历史人物、历史图片等关键信息的真实准确。

由于时间与水平有限，史料难免缺漏，敬请读者批评指正。

编　者

2020年10月